Das Grab des Sennedjem

Ein Künstlergrab der 19. Dynastie in Deir el Medineh

von

Abdel Ghaffar Shedid

unter Mitarbeit von Anneliese Shedid

Ein Künstlergrab der 19. Dynastie in Deir el Medineh

VERLAG PHILIPP VON ZABERN · MAINZ AM R

Umschlag (vorne):
Sennedjem und Iineferti vor Göttern im nächtlichen Himmel (Gewölbe Nordseite)

Umschlag (hinten):
Rahotep im Papyrusnachen auf den Gewässern des *iaru*-Gefildes (Ostwand)

Frontispiz:
Die Eingangstüre zur Grabkammer (1 : 4-Modell A. Shedid)

Vor- und Nachsatz:
Textkolumnen im Götterschrein (Westwand):
»Schriftrolle, einen Verstorbenen auszuzeichnen im Herzen des Re, ihn Macht haben zu lassen bei Atum, ihn groß werden zu lassen bei Osiris, ihn stark werden zu lassen bei Chontamenti, ihm Autorität zu schaffen bei der Götterneunheit. Zur Behandlung des Verstorbenen, ihn weit ausschreiten zu lassen und ihm seinen Gang wiederzugeben, Taubheit von ihm zu vertreiben und sein Gesicht zu öffnen, zusammen mit dem Gott.«

Photonachweis:
Abdel Ghaffar Shedid

Photonachweis Funde:
Kairo Museum 6, 8; Denver Museum 7, 28–32; Hassia 27

Zeichnungen:
Abdel Ghaffar Shedid

Die Abbildungen dieses Bandes wurden im Diamond Screening-Verfahren (rasterfreier Offsetdruck) hergestellt

111 Seiten mit 72 Farb- und 15 Schwarzweißabbildungen

ISBN 3-8053-1756-5
Satz: tsm, Mainz
Lithos: M & R, Wiesbaden-Erbenheim
Papier: Papierfabrik Scheufelen, Lenningen
Gesamtherstellung: Verlag Philipp von Zabern, Mainz am Rhein
Printed in Germany/Imprimé en Allemagne
Printed on fade resistant and archival quality paper
(PH 7 neutral)

Inhaltsverzeichnis

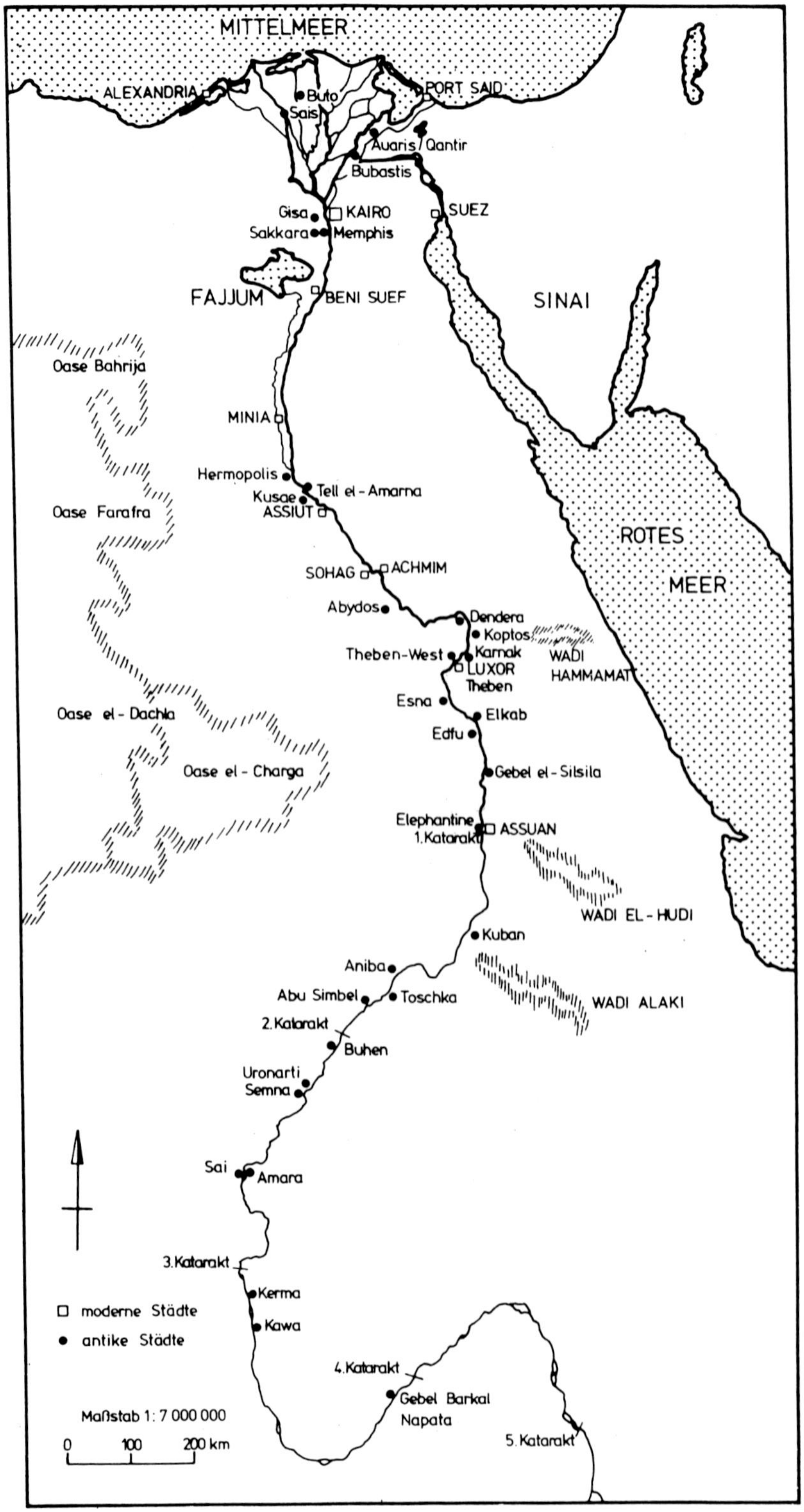

Abb. 1 Ägypten und Nubien

Vorwort

Sennedjem gehört zur selbstbewußten »Mannschaft Pharaos«, der wir die Gräber im Tal der Könige verdanken. Sie lebte in der abgeschlossenen Siedlung von Deir el Medineh und hatte die ehrenvolle Aufgabe, für den jeweils regierenden Pharao ein prächtiges Gehäuse für die Ewigkeit zu schaffen, dessen Wände angefüllt sind mit Beschreibungen des Jenseits. Als »Nebenprodukt« schufen diese Männer ihre eigenen Grabanlagen – von bescheidenem Ausmaß, aber liebevoll und von Meisterhand dekoriert. Das Grab, das Sennedjem für sich selber und für Angehörige seiner Familie angelegt hat, ist seit seiner Wiederentdeckung 1886 eine Perle der so reichen thebanischen Gräberwelt. Seit jeher vielbesucht, hat es durch die Schließung anderer Anlagen noch an Attraktivität gewonnen und gehört zum Pflichtprogramm jeder Reise nach Oberägypten.

Der ständig anschwellende Strom der Besucher, den politische Krisen nur vorübergehend unterbrechen, wird aber zunehmend zu einer Gefahr für die enge Grabkammer und für die Farbenpracht ihrer Wände. Viele Faktoren wirken zusammen, um die Malereien ihrer einstigen Frische zu berauben, vor allem Staub, Feuchtigkeit und mechanische Abnutzung. Daher wird seit einiger Zeit die Möglichkeit diskutiert, für den Tourismus getreue Nachbildungen der wichtigsten Grabanlagen von Theben bereitzustellen, um die Originale besser schonen und erhalten zu können. Wie überzeugend diese Lösung wirken kann, zeigt jetzt die Nachbildung, die Wolfgang Wettengel 1992 mit einigen Mitarbeitern vom Grab des Sennedjem hergestellt und bereits an verschiedenen Orten gezeigt hat.

Während in den Beamtengräbern der 18. Dynastie vor allem die Arbeitswelt des Grabherrn angesprochen ist, herrscht in Deir el Medineh und in den anderen ramessidischen Gräbern die religiöse Thematik vor. Für die Ausschmückung von Wänden und Decke schöpft Sennedjem aus dem Bildervorrat des Totenbuches, denn andere religiöse Quellen waren strikt dem Königsgrab vorbehalten. Nur dort konnte die nächtliche Unterweltsfahrt und Regeneration des Sonnengottes dargestellt und mit einer Fülle von Details beschrieben werden. Aber wie die königlichen Jenseitsbücher führen auch die Sprüche des Totenbuches in die Unterwelt der menschlichen Seele, mitten in die Sphäre des Unbewußten, und sind damit auch für die moderne Tiefenpsychologie von Interesse. Die religiösen Bilder und Texte des Grabes erzählen uns eindrucksvoll vom Jenseitsglauben der damaligen Ägypter, von ihren Hoffnungen und Ängsten. Dazu ist Sennedjem einer der wenigen Beamten des Neuen Reiches, deren Grabausstattung sich vollständig erhalten hat; sie bildet, immer noch unveröffentlicht, eine der vielen Attraktionen des Museums in Kairo.

Die Ausstellung über das Grab des Sennedjem führt ähnliche thematische Ausstellungen fort – so gab es in den letzten Jahren Ausstellungen über die Grabanlagen von Sennefer, Nacht und Sethos I. Den Anstoß gab jetzt die zerlegbare gemalte Kopie des Grabes des Sennedjem, aber dazu traten die hervorragenden photographischen Aufnahmen von Abdel Ghaffar Shedid, der im Zabern-Verlag bereits das Grab des Nacht vorgestellt hat und einer der besten Kenner der thebanischen Beamtengräber ist. Unser Dank gilt ihm, daß er nun auch das Sennedjem-Grab, von dem es bisher keine farbige Veröffentlichung gibt, in seiner gefährdeten Farbenpracht vor Augen stellt und damit erneut auf die Bedeutung und die Gefährdung der thebanischen Gräberwelt hinweist. Gedankt sei auch Herrn Franz Rutzen und dem Verlag Philipp von Zabern für seinen Einsatz und die Unterstützung bei der Verwirklichung dieses Bandes und der Reihe »Thebanische Gräber«.

Professor Dr. Erik Hornung
Ordinarius für Ägyptologie an der Universität Basel

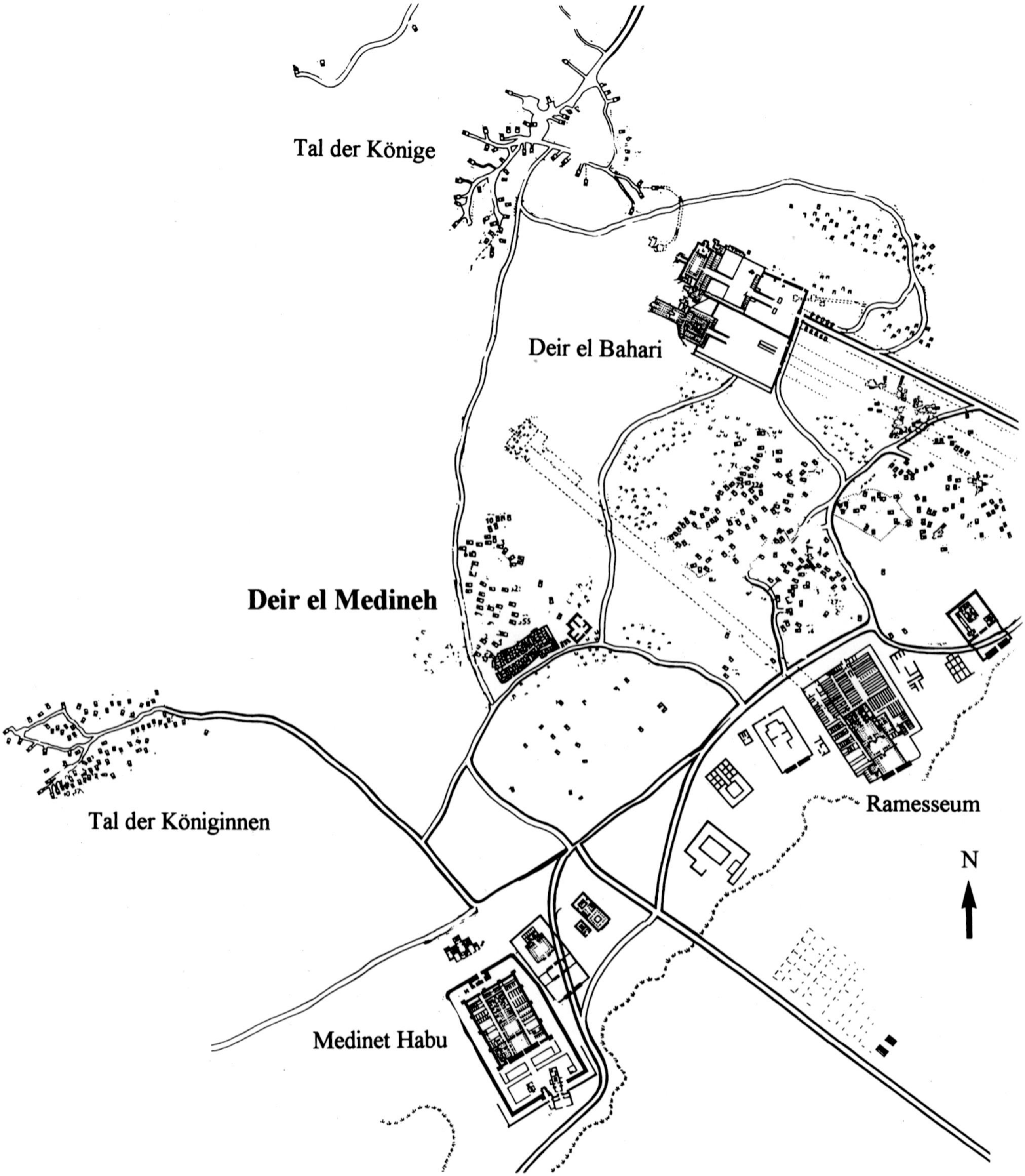
Tal der Könige
Deir el Bahari
Deir el Medineh
Tal der Königinnen
Ramesseum
N
Medinet Habu

Die Arbeiter- und Künstlersiedlung von Deir el Medineh

Eines der wenigen noch intakt und unberührt gefundenen Gräber in Theben-West ist das des Sennedjem. Bei seiner Entdeckung war die Türe zur Grabkammer sogar noch mit dem unversehrten Siegel versehen, das nach der letzten Bestattung und Öffnung des Grabes angebracht worden war. Die kleine Grabkammer war angefüllt mit Mumien und Gegenständen, die der Versorgung der Verstorbenen im Jenseits dienen sollten. Der Fund enthielt keine großen materiellen Schätze, denn das Grab war die letzte Ruhestätte für eine Familie von Künstlern und Arbeitern, die in der königlichen Nekropole tätig waren. Das Oberhaupt dieser Familie, Sennedjem selbst, trug nur den einfachen Titel eines sedjem asch, »Diener (wörtlich: Der auf den Ruf hört) am Ort der Wahrheit«, er hatte also keine gehobene Position inne. Gerade dieser Umstand macht das Grab aber so wertvoll, zeigen uns doch die Gegenstände der Grabausstattung, wie eine durch ihre besondere Tätigkeit privilegierte Schicht von Handwerkern und Künstlern zu leben pflegte, welche Besitztümer und bescheidenen Reichtümer sie sich erarbeiten konnte. Die Anlage des Grabes und seine Ausstattung mit Wandgemälden führen uns vor allem aber eindringlich die religiöse Einstellung dieser Menschen und ihre Vorstellungen vom Leben nach dem Tode vor Augen.

Das Grab des Sennedjem (TT 1) ist eines von über 50 bemalten Gräbern von Deir el Medineh; diese Nekropole war ausschließlich den Künstlern und Arbeitern und ihren Familien vorbehalten, die mit dem Aushauen, dem Reliefieren und der malerischen Ausgestaltung der Königsgräber beauftragt waren. Die hier bestatteten Personen schufen die Anlagen im Tal der Könige und die Gräber der Königsgemahlinnen und Prinzen im Tal der Königinnen und im Tal des Westens. Der Ort Deir el Medineh umfaßt daneben aber auch das Städtchen, in dem die Gemeinschaft lebte, und mehrere Heiligtümer.

Abb. 2 Lageplan von Deir el Medineh

Die Ansiedlung liegt ungefähr in der Mitte eines Dreiecks zwischen den großen ramessidischen Tempeln Ramesseum und Medinet Habu und dem Tal der Königinnen (s. Abb. 2). Ihre Häuser stehen eng zusammengedrängt im Schutz der sie von drei Seiten umgebenden Berge und füllen das kleine Tal dazwischen fast völlig aus. Der Friedhof ihrer Bewohner liegt in unmittelbarer Nachbarschaft und nimmt vor allem die Abhänge des westlich das Tal begrenzenden Berges ein, das Grab des Sennedjem liegt in der untersten Gräberschicht am südlichen Ende des Berges. Am östlichen Bergzug von Gurnet Murai liegen nur einige wenige Gräber. Die Heiligtümer der Siedlung sind am Nordwestrand des Tales errichtet.

Die gesamte Anlage hat ihren zeitlichen Schwerpunkt im Neuen Reich. Das Dorf wurde wohl in der 18. Dynastie, wahrscheinlich unter Thutmosis I. (ab 1504 v. Chr.), gegründet, es trug den schlichten Namen *paa-demj*, die Stadt. Mehrfach wurde es im Lauf der zwei folgenden Dynastien vergrößert. Die heute noch erhaltenen Ruinen geben ungefähr den Umfang des Dorfes während der ramessidischen Zeit wieder. Sehr gut lassen sich noch die Anlage der Stadt und die Grundrisse der Häuser nachvollziehen (s. Abb. 3). Das Dorf war von einem Mauerring umgeben und nur an zwei bewachten Eingängen im Norden und im Westen zu betreten. Ungefähr in der Mitte verlief in Nord-Süd-Richtung eine durchgehende Straße, davon gingen im rechten Winkel zwei Gassen ab. Zu beiden Seiten der Wege öffneten sich die Eingänge zu etwa 70 kleinen Wohnhäusern. Leider konnten nur wenige dieser Häuser ihren ehemaligen Besitzern zugeordnet werden. Gesichert ist dagegen die Zuordnung des Wohnhauses des Sennedjem (Nr. S.O.VI). Der unterste Teil des linken Türpfostens dieses Hauses trug den Titel »Diener am Ort der Wahrheit« und den Namen des Sennedjem und den seines Sohnes Ramose; des weiteren wurden in den Ruinen des Hauses Fragmente einer Naoseinfassung gefunden, die seinen Namen mehrfach nennt. Sennedjem und seine Familie besaßen die letzten Häuser in der Südwestecke des Dorfes in einem Abschnitt, der während der letzten Erweiterung der Siedlung zugefügt

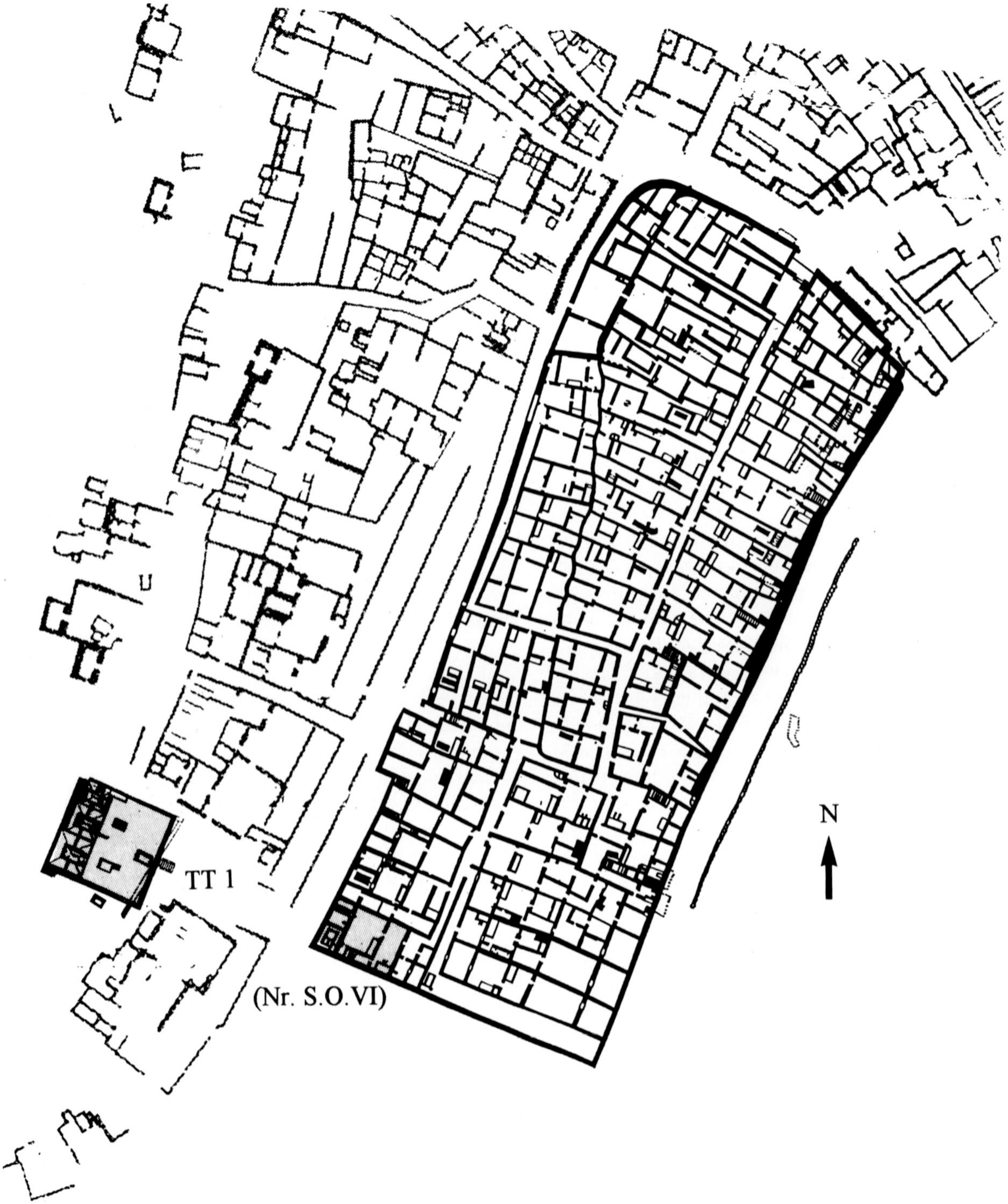

Abb. 3 Siedlung und westliches Gräberfeld von Deir el Medineh mit Grab (TT 1) und Wohnhaus (Nr. S.O.VI) des Sennedjem

wurde. Sein Grundriß ist typisch für die Häuser des Dorfes, die meisten waren ähnlich gegliedert (s. Abb. 4). Die Eingangstüre an der Straße führt zu einem ersten Raum mit einem erhöhten Podest, ein zweiter größerer Raum folgt mit einer Art Diwan, im Boden dieses Raumes öffnete sich oft ein Schacht zu einem Kellerraum. Dann schlossen sich eine oder mehrere kleine Kammern oder Abstellräume an; der vom Eingang am weitesten entfernte Raum war die Küche mit Feuerstelle, Backtrog, Mühlstein und manchmal einem Getreidespeicher. Auch Treppen sind heute noch erhalten, die aufs Dach oder eventuell in ein zweites Stockwerk führten. Reste von mehrfarbigen Wandbemalungen, Stelenfragmente, Einrichtungsgegenstände oder Geschirre lassen die Lebensumstände der Hausbewohner lebendig werden.

Von der Frömmigkeit der Dorfbewohner legen viele Dokumente Zeugnis ab. Besondere Verehrung fanden zum Beispiel Meretseger, die schlangenköpfige Schutzgöttin der Nekropole, Bes, Osiris, Ptah, der Gott der Handwerker und Künstler, Thot, der Gott der Schreiber, und Hathor, die Liebes- und Himmelsgöttin, hier in Theben-West vor allem auch die Nekropolengöttin. In den Häusern gab es kleine private Oratorien. Außerhalb der Umfassungsmauern des Dorfes, am Nordende des Tales, lagen die Kapellen der Laien-Bruderschaften, die verschiedenen Göttern gewidmet waren; Sennedjem war zum Beispiel Mitglied einer Hathor-Bruderschaft. Hier wurden auch die großen öffentlichen Heiligtümer errichtet, das wichtigste darunter ist ein Tempel aus der Zeit Ramses' II., *khenu* genannt, der dem Kult von Amenophis I. und Ahmes-Nefertari, den Schutzpatronen der thebanischen Nekropole, geweiht war. Unter den Ptolemäern wird noch der Tempel der Hathor und Maat errichtet, die Anlage wird in koptischer Zeit zu einem Kloster umgewidmet. Der heutige arabische Name der Gegend »Deir el Medineh« bezieht sich auf diese koptische Besiedlung und bedeutet »Kloster der Stadt«.

Zu Beginn der 21. Dynastie (ca. 1075 v. Chr.), gefährdet durch Überfälle und mit der Verlegung der Königsnekropole nach Tanis ins Nildelta überflüssig geworden, wird das Dorf, nachdem es fast fünf Jahrhunderte lang bewohnt war, von seinen Bewohnern verlassen. Sie begeben sich in den Schutz der Tempelanlagen von Medinet

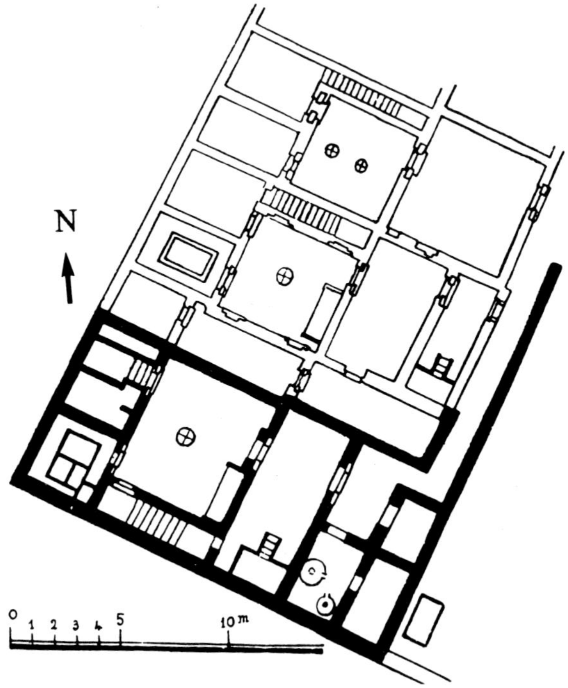

Abb. 4 Grundriß des Wohnhauses des Sennedjem (nach Bruyère)

Habu. Trotzdem wird der Friedhof von Deir el Medineh weiterhin für Bestattungen genutzt. Das Gräberfeld auf der Bergflanke westlich des Dorfes ist inzwischen sehr dicht belegt und überzieht den gesamten Hügel bis hin zu den Heiligtümern im Norden. Die beiden frühesten Gräber stammen aus dem Mittleren Reich, einige aus der 18. Dynastie, wie etwa das bekannte Grab des Cha, dessen ebenfalls unberührt gefundene Grabausstattung im Museum von Turin ausgestellt ist. Einige wenige Gräber sind auch im östlichen Berghügel von Gurnet Murai angelegt. Der überwiegende Teil der Gräber stammt aber aus ramessidischer Zeit, dann entstehen nur mehr wenige Neuanlagen.

DIE BEWOHNER DER SIEDLUNG

Auch wenn noch weitere antike ägyptische Arbeitersiedlungen bekannt sind, eine aus dem Alten Reich in Gisa und die von Amarna, so bleibt Deir el Medineh doch ein einzigartiger Gesamtkomplex von Friedhof, Heiligtümern und Dorf. Noch interessanter wird es für uns dadurch, daß das Leben seiner Bevölkerung durch Abertausende von Fundstücken intensiv Gestalt annimmt. So sind es einerseits Funde aus dem Dorf, aber auch Funde aus den noch intakt entdeckten Gräbern, die mit Möbeln und Gerätschaften Zeugnis ablegen vom bescheidenen Wohlstand ihrer Besitzer (s. Abb. 5–8 und Taf. S. 108). Mehr noch erlauben uns jedoch die Ostrakafunde einen faszinierenden Einblick in Arbeit und Alltagsleben dieser Gruppe von hochspezialisierten Künstlern und Handwerkern im alten Ägypten. Diese Ostraka, meist handtellergroße Ton- oder Kalksteinscherben, wurden von den Dorfbewohnern massenweise beschriftet oder als Skizzenmaterial benutzt, sie lagen ja als Abfall herum. Einzelne wurden auf dem gesamten Gelände verstreut entdeckt, größere Funde wurden 1888 im Tal der Könige in den Gräbern von Ramses VI. und Ramses IX. gemacht, dann 1913 von einer deutschen Mission östlich der Umfassungsmauer des Dorfes in zwei großen »Kehrichthaufen« von 15 x 2–3 m und um 1950 von der französischen Mission bei der Untersuchung eines aufgegebenen Brunnens, des »grand puits« nördlich der Umfassungsmauer, aus dem etwa 5000 Ostraka zutage gefördert wurden, aber auch einige kostbare Papyri waren darunter. Vor allem Bruyère und Cerny bearbeiteten das Ostrakamaterial von Deir el Medineh und rekonstruierten daraus das Leben dieser Gemeinschaft.

Die Ostraka unterrichten uns über Organisation und Arbeit an den Königsgräbern, auch über die Verteilung des festgelegten Gehaltes, das meist in Form von Naturalien ausbezahlt wurde; so verdiente zum Beispiel ein Vorarbeiter im Monat 2 Sack Gerste und $5\frac{1}{2}$ Sack Emmer, ein einfacher Arbeiter nur $1\frac{1}{2}$ Sack Gerste und 4 Sack Emmer, aber auch dessen Gegenwert in Geld oder Edel-

Abb. 5 Eine der Vitrinen mit Teilen der Grabausstattung des Sennedjem im Kairo Museum. In der Mitte der reich dekorierte Stuhl des Sennedjem; wie der Text angibt, wurde er vom Sohn Chabechnet dem Vater gewidmet (Holz und Stoff, grundiert und bemalt, Höhe: 0,87 m, Breite: 0,39 m, Tiefe: 0,47 m, Kairo Museum Nr. JE 27256)

metall konnte als Lohn verteilt werden. Ausführlich wird der erste Streik der Menschheitsgeschichte aufgrund ausbleibender Verpflegungsrationen dargelegt; wir finden Berichte über juristische Probleme und ihre Lösung, z. B. Diebstahlsanklagen und die abschließenden Urteile der dazugehörigen Prozesse. Berichte an die Vorgesetzten, Verträge, Rechnungen über gelieferte Nahrungsmittel, Kleidungsstücke und Möbel lassen ein klares Bild vom damaligen Handel entstehen. Orakel, Briefe und literarische Schriftstücke erschließen die Gedankenwelt. Auch die Zahl der in den königlichen Nekropolen beschäftigten Arbeiter und Künstler, die je nach Arbeitsanfall unterschiedlich war, läßt sich aus diesen Quellen ermitteln; normalerweise bestand die Mannschaft wohl aus ca. 60 Personen, unter Ramses IV. stieg sie aber auf 120 an. Mehrere Generationen von Familien, die hier gelebt haben, lassen sich verfolgen, so vererbt sich das Amt des Vorstehers der Arbeiter vom Vater auf den Sohn, Testamente sichern die Erbfolge der Besitztümer, sogar Eheverträge gibt es bereits. Sie und andere Dokumente zeigen, daß die Frauen der Künstler und Arbeiter nicht gerade eine gleichberechtigte Stellung innehatten, wohl aber selbst Verträge abschließen oder sich selber vor Gericht vertreten konnten. Eine Besonderheit ist nicht zu vergessen, die sogenannten Bildostraka, die wohl in der Freizeit und aus Freude und Lust am Zeichnen entstanden, vielleicht aber auch aus dem Bedürfnis heraus, für ein künstlerisches Problem bewußt und ernsthaft eine Lösung zu erarbeiten. Die Bildostraka dokumentieren die künstlerischen Fähigkeiten der Dorfbewohner mit Entwürfen, Studien, Kopien und auch völlig ungebundenen Skizzen, wir finden zum Teil zaghafte Schülerübungen, größtenteils aber mit sicherer Hand hingeworfene Meisterzeichnungen mit einer Vielfalt von Motiven.
Schon die Anlage der Siedlung und die Ausstattung der Häuser, aber auch der Gräber zeigen, daß es sich bei ihren Besitzern um eine Gruppe von Menschen mit besonderem Status handelt, geprägt von einer gewissen Wohlhabenheit und besonderen Schutz genießend. Hier leben ausschließlich Familien von Steinbrucharbeitern,

Abb. 6 Amphore aus dem Grab des Sennedjem, bemalt mit Blumengirlanden (gebrannter Ton, Höhe: 0,33 m, Kairo Museum Nr. JE 27216)

Abb. 7 Kanopensarkophag zur Aufnahme von Eingeweiden aus dem Grab des Sennedjem, im Text sein Name und die Anrufung von Göttern (Kalkstein, bemalt, Höhe: 0,34 m, Kairo Museum Nr. CG 4251)

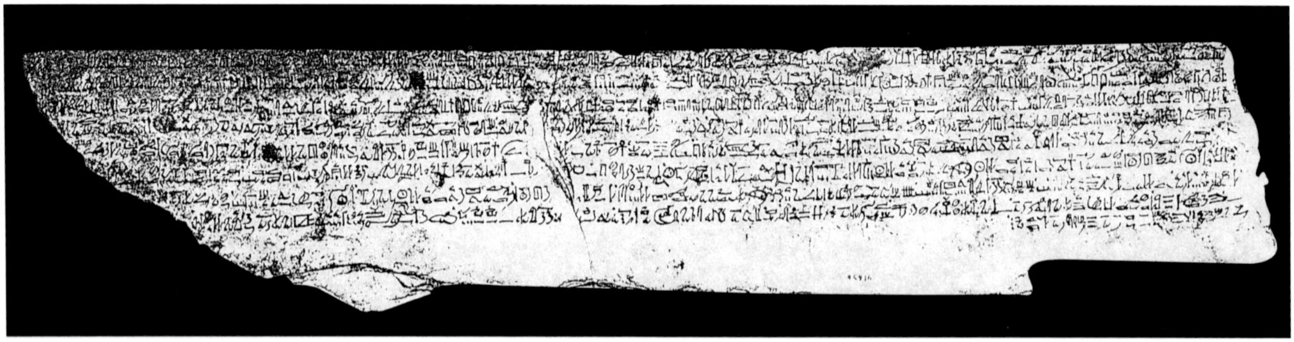

Abb. 8 Ostrakon aus dem Grab des Sennedjem mit dem Anfang der Sinuhe-Geschichte in hieratischer Schrift (Kalkstein, Breite: 0,21 m, Länge: 1,06 m, Kairo Museum Nr. JE 27419). Diese Grabbeigabe ist eines der größten bekannten Ostraka, es wurde sehr sorgfältig in schwarzer und roter Farbe beschriftet. Die Erzählung handelt vom Haremsbeamten Sinuhe; dieser flieht, als er von der Ermordung des Königs Amenemhet I. erfährt, aus Furcht, verdächtigt zu werden, nach Syrien. Obwohl er es dort zu Ansehen und Reichtum bringt, kehrt er am Ende seines Lebens unter Sesostris I. ehrenvoll nach Ägypten zurück, um in der Heimat bestattet werden zu können.

Malern und Bildhauern, sie werden »Diener am Ort der Wahrheit« genannt, sie stellen die Mannschaft, die die Königsgräber herstellt, die »Mannschaft des Pharaos«. Einzelne Berufsgruppen wie Zeichner, Maler oder Bildhauer werden benannt, ebenso gehobenere Ämter, wie »Vorsteher der Arbeiter«. Entsprechend ihrer Aufgabe bei der Herstellung der Gräber waren sie in eine rechte und linke Mannschaft unterteilt, jede mit einem eigenen Vorsteher und Stellvertreter, der sie führte und vor dem Vezir vertrat, dem sie direkt unterstellt waren. Ein Schreiber war zuständig für die umfangreiche Verwaltung und schriftlichen Berichte, Abrechnungen etc. In penibler bürokratischer Weise wurden Listen über die Anwesenheit bei der Arbeit angelegt, Entschuldigungsgründe für das Fehlen notiert, über Lieferungen und Verbrauch von Material, über Werkzeuge und Gerätschaften wurde Buch geführt. Hilfspersonal schaffte für die Mannschaft und ihre Familien Nahrungsmittel und alles, was zum täglichen Leben nötig war, herbei; Dienerschaft, Träger für die Materialien, Wächter für die im Bau befindlichen königlichen Gräber waren den Bewohnern zugeordnet. Eine eigene Polizeitruppe bewachte die Siedlung und ihre Bewohner, ihre Station lag am Nordrand des Dorfes. Die Vereinigung der Künstler und Arbeiter stellte Kultpriester und ein eigenes Gericht für untergeordnete Verfahren. Spuren der Arbeiter und Künstler finden sich auch entlang ihrer Wege vom Dorf über die Berge zu den Arbeitsstätten und in der Nähe der Königsgräber in Form von Kapellen, Rasthütten, Wach- und Kontrollposten, von Graffiti an den Felswänden.

Die Bewohner des Dorfes arbeiteten wohl ausschließlich an den Königsgräbern und hatten keine weiteren offiziellen Aufträge, standen wahrscheinlich aber auch im Dienst der großen Totentempel von Theben-West. Man darf vermuten, daß sie ihre eigenen Gräber in der arbeitsfreien Zeit anlegten, pro 10 Arbeitstage gab es einen freien Tag, zusätzlich verschiedene Fest- und Feiertage. Dorf und Gräber lagen eng beieinander, das Grab des Sennedjem war nur wenige Schritte vom Wohnhaus der Familie entfernt.

Das Grab des Sennedjem

FUNDGESCHICHTE

Deir el Medineh war ein einziges Ruinenfeld, als 1917 das Institut Français d'Archéologie orientale du Caire, nach Missionen aus Turin und Berlin, die Grabungskonzession für Deir el Medineh erhielt, zuletzt geleitet von Bruyère, der sich wohl mit diesem Gebiet am intensivsten beschäftigte. Deir el Medineh war zwischenzeitlich von Kopten bewohnt worden, die Monumente waren in der Vergangenheit immer wieder ausgeraubt und geplündert worden, es war von verschiedensten Missionen ohne wissenschaftliche Methodik gegraben worden. Bernard Bruyère beschreibt den Zustand des Gebietes als den eines Schlachtfeldes, der Boden übersät mit Trümmern von Statuen, Stelen, Keramiken, zerfetzten Mumien und Fragmenten aller Art, dazwischen Ausgrabungsschächte und meist zerstörte und ausgebrannte Grabschächte.

Die Umstände der Entdeckung des Sennedjem-Grabes wurden exakt festgehalten und von Bruyère nach älteren Berichten zusammengestellt: Am 31. Januar 1886 unterrichtet der mit der Beaufsichtigung und Erforschung von Theben beauftragte Scheich Omar aus Luxor den französischen Forscher Maspero von einer Entdeckung. Sallam Abou Douy aus Gurnah und drei seiner Freunde hätten in Deir el Medineh nach mehrtägigen Ausgrabungsarbeiten unter Schuttbergen den wahrscheinlich noch unbeschädigten Schacht eines unbekannten Grabes entdeckt. Dieser Schacht wurde freigelegt, anschließend gelangte man in einen Gang, der nach 2 Metern in eine gewölbte Kammer mündete. Hier befand sich eine Öffnung im Boden, von einer Kalksteinplatte verschlossen. Die Platte wurde zerbrochen, ein weiterer Schacht folgte, an seinem Ende fanden die Arbeiter von Scheich Omar eine bemalte Holztüre, die noch verschlossen und mit dem originalen Tonsiegel versehen war. Ungeduldig und um die von innen verriegelte Türe nicht zu beschädigen, brachen sie die steinerne Türrahmung heraus. Als am 1. Februar Maspero mit dem französischen Wissenschaftler Bouriant und dem spanischen Archäologen Toda vor Ort erschien, konnte er diesen Schaden nur mehr registrieren, aber zugleich doch zu seiner großen Freude feststellen, daß das Grab seit der letzten Bestattung unberührt geblieben war.

Diese letzte Kammer der Anlage war mit Särgen, Mumien, Möbeln und weiteren Grabausstattungsgegenständen angefüllt. Vor der Westwand waren nicht weniger als zwanzig Mumien aufeinandergestapelt, neun davon waren in anthropoiden, zum Teil sehr sorgfältig bemalten Särgen bestattet (s. Abb. 28, 29 und Taf. S. 110, 111), ihre Besitzer konnten identifiziert werden als Sennedjem, seine Gemahlin Iineferti, sein Sohn Chonsu und dessen Frau Taamacht, des weiteren Rahotep, Taaschsen, Ramose, Isis und schließlich ein Mädchen mit Namen Hathor. Die anderen elf Mumien waren nur in Leichenbinden und -tücher gehüllt, darunter schien ein Leichnam der eines Mannes äthiopischer Herkunft zu sein. Zwei Föten waren in gelben unbeschrifteten Kästchen bestattet. Ein großes Kalksteinostrakon mit einer Version der Sinuhe-Geschichte lag in zwei Stücke gebrochen neben dem Sarg des Sennedjem (s. Abb. 8). Im restlichen Raum auf der Ostseite waren angehäuft Möbel, Gerätschaften und Werkzeuge, Uschebtis, Kanopen- und Uschebtikästchen und zwei große zerlegte Sargschlitten (s. Abb. 5–8, 27–32 und Taf. S. 108–111). Körbe, Amphoren und verschiedene Vasen enthielten Textilien und Nahrung.

Die Fundgegenstände wurden inventarisiert und aus Sorge darum, daß Einheimische sich einzelner Teile bemächtigen könnten, auf das Boot von Maspero verbracht, das Grab dann wieder verschlossen. Leider ging der Transport zum Nil nicht ohne Verluste und Beschädigungen ab, ein Hocker zerbrach, mehrere Mumien ohne Sarkophag zerfielen völlig, man konnte nur mehr die Schädel retten. Einige Statuetten verschwanden und auch das mit dem Bild des Anubis gestempelte Tonsiegel, mit dem die Holztüre verschlossen war. Ein großer Teil des Grabinhaltes wurde im Boulaq Museum, dem heutigen Ägyptischen Museum Kairo untergebracht, der Rest auf Museen verschiedener Nationen verteilt, leider, denn damit wurde dieser bemerkenswerte Fund auseinandergerissen und entwertet. Nur ein Beispiel: Teile der einzig bekannten und komplett erhaltenen originalen Grabtüre, der Türsturz und der westliche Pfosten, wurden dem Anthropologischen Museum der Universität von Kalifornien gegeben. Die Fragmente des rechten Pfostens werden im Magazin von Deir el Medineh aufbewahrt, die Türschwelle ist noch an ihrem ursprünglichen Platz, das Türblatt selbst im Kairoer Museum, das Tonsiegel ging verloren (s. Taf. S. 56–67 und Frontispiz).

Das Grab wurde 1890 mit einer Eisentüre gesichert, kurz nach 1917 wurden weitere Schächte im Hof von TT 1 und außerhalb seiner Einfassungsmauer ausgeräumt. Ab 1924 befaßte man sich mit der systematischen Reinigung auch der oberirdischen Anlage, mit den Ruinen der Pyramiden und deren Rekonstruktion (s. Abb. 11).

Schon die erste Auswertung der Anlage und ihrer Ausstattung zeigte, daß es sich beim Grab des Sennedjem um ein Familiengrab handelt, das ursprünglich wohl für Sennedjem und seine Gemahlin angelegt, im weiteren Verlauf dann aber von Familienmitgliedern, die mindestens drei aufeinanderfolgenden Generationen angehören, als letzte Ruhestätte genutzt wurde. Seine Bedeutung erhält Grab TT 1 nicht nur durch seinen vielfältigen, unberührten Grabschatz, sondern auch dadurch, daß es alle Bestandteile eines typischen ramessidischen Privatgrabes relativ komplett, in ausgezeichneter Qualität und sehr gutem Erhaltungszustand aufweist; vor allem die verblüffende Farbfrische seiner Malereien machte es seit seiner Entdeckung zu einem der meistbesuchten Gräber in der thebanischen Nekropole.

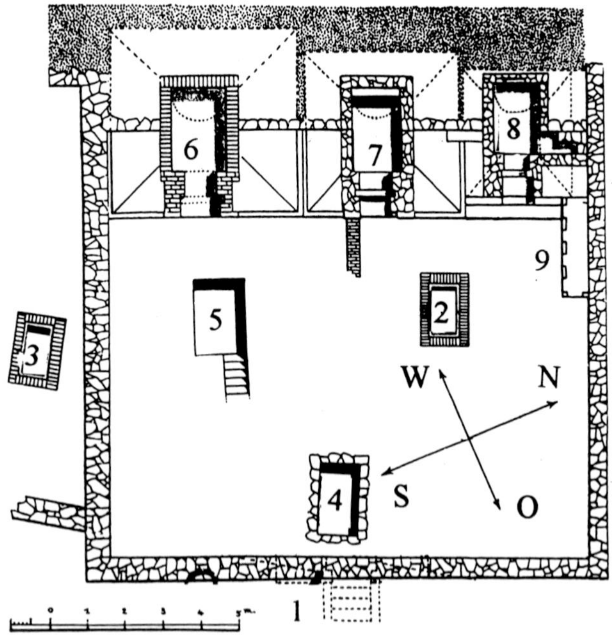

Abb. 9 Grundriß der oberirdischen Anlage (nach Bruyère)
1 Eingang des Hofes
2 Schacht 1 zur Grabkammer von TT 1
3 Schacht 1181
4 Schacht 1182
5 Schacht 1183
6 Pyramide des Vaters des Sennedjem
7 Pyramide des Sennedjem
8 Pyramide des Chonsu
9 Opfertisch

DIE ARCHITEKTUR DES GRABES

TT 1 ist in seiner architektonischen Gliederung ein Musterbeispiel für die Gräber der 19. Dynastie von Deir el Medineh. Auch sie sind, wie alle Gräber der thebanischen Nekropole, Felsgräber, die bevorzugt auf den Osthängen der Berge angelegt werden, um den Weg von Ost nach West, vom Diesseits zum Jenseits anschaulich zu verwirklichen. Die Anlage ist zweigeteilt in einen oberirdischen und unterirdischen Abschnitt. Der oberirdische, begehbare Teil, der von den Lebenden zum Vollzug des Totenkultes besucht werden kann, besteht aus einem Hof, von einer Mauer mit Eingangspylon eingefaßt; am Westende des Hofes, am Hügel, werden die Kapellen in Pyramidenform errichtet. Im Hof des Sennedjem-Grabes standen drei Pyramiden, sie und die Umfassungsmauer sind nur mehr in kleinen originalen Resten erhalten. Der unterirdische Trakt, der nur anläßlich einer Bestattung geöffnete Teil der Anlage, ist dem Verstorbenen vorbehalten, er besteht aus einem Schacht, der sich im Hof öffnet, in anderen Anlagen auch in der Kapelle, und mehreren Kammern (s. Abb. 9, 10, 12).

Technische Herstellung und Erhaltungszustand des Grabes

Man schlug zunächst den für die Bestattung notwendigen unterirdischen Teil aus dem Gestein, den senkrechten Schacht und die Kammern. Da in Deir el Medineh ein relativ schlechter, unregelmäßiger und bröckeliger Stein ansteht, war man gezwungen, die Wände zu verkleiden. Der Boden der Grabkammer des Sennedjem besteht aus einer aufgestampften Lage Lehm, mit einer dünnen Schicht Gipsmörtel überzogen und rot bemalt, die Verkleidung der Wände und Wölbung aus einer Schicht ungebrannter Ziegel, was eine nur ca. 15 cm dicke Wandung ergab. Der verbindende Mörtel ist eine flexible Lehm-Häcksel-Mischung. Mit der Lehmziegelverkleidung begann man in der letzten Kammer und setzte sie nach oben fort, wenigstens soweit eine Bemalung der Wände beabsichtigt war oder die Benützung etwa der Schächte eine glatte Wand erforderlich machte. Der leere Raum von manchmal mehreren Zentimetern, der zwischen der nur grob behauenen Felswand und der Ziegelwand entstand, sorgt einerseits für eine gute Durchtrocknung der Ziegelkonstruktion, bringt andererseits manchmal aber auch Probleme mit sich; die Ziegelwände bilden Ausbauchungen und Risse durch den Druck sich lösenden Gesteins dahinter oder durch eindringende Feuchtigkeit.

Im Unterschied zu den gleichzeitigen Beamtengräbern von Gurnah ist in den Gräbern von Deir el Medineh auch die unterirdische Grabkammer prinzipiell malerisch gestaltet. Eine regelmäßige und ebene Malschicht wurde durch das Auftragen von mehreren Verputzschichten auf die Ziegelkonstruktion erzielt. Zunächst wurde eine noch relativ grobe Lehm-Häcksel-Schicht aufgebracht, dann eine Lage von feinerem Mörtel mit Kalk und Hibe, einem Steinstaub, abschließend erfolgte ein weißer Kalkanstrich. Auf diesem saugfähigen Malgrund wurden direkt die Motive aufskizziert und mit einem temperaähnlichen Farbmaterial gemalt. Die mineralischen Farbpigmente sind die üblichen: Huntit-Weiß, Kohle-Schwarz, roter und gelber Ocker, Lapislazuliblau, Türkisgrün. Wie schon erwähnt, sind die Malereien der Grabkammer ganz hervorragend erhalten, ihre lebendige und intensive Farbigkeit wirkt wie neu.

Im Grab des Sennedjem stellt man heute nur einige kleinere Risse fest, im Vergleich mit älteren Photographien der Wände wird aber eine allmähliche Verschlechterung des Zustandes deutlich (s. Taf. S. 102). Neben den Beschädigungen, die dem Grab beim Herausbrechen der steinernen Türrahmung zugefügt wurden, sind nur einige Fehlstellen vorhanden, die aber frühestens im zeitlichen Umfeld der letzten Bestattung entstanden sein können, bevor das Grab wieder versiegelt wurde, vielleicht aber auch erst beim Ausräumen des Grabfundes. Die Fehlstellen sind unsystematisch verteilt, nur drei Gesichter der Festmahlszene von der Südwand scheinen absichtlich zerstört, die restlichen Beschädigungen sind eher zufällig (s. Taf. S. 68).

Abb. 10 Zeichnerische Rekonstruktion der oberirdischen Anlage von TT 1 (nach Bruyère)

BESCHREIBUNG DER ARCHITEKTUR
(Abmessungen nach Bruyère, La Tombe N° 1 de Sen-nedjem, Le Caire 1959)

Der oberirdische Teil der Anlage
(s. Abb. 9–12)

Der Hof ist ein Rechteck von 12,35 x 9,40 m, eingefaßt mit einer Hausteinmauer, die stellenweise in bis zu 50 cm Höhe erhalten ist. (Manche der Steine tragen zwei Markierungen, die man für Zeichen des Sennedjem hält; dieses Kürzel wurde auch im Inneren der Kapelle des Sennedjem auf mehreren Blöcken und auf Keramiken des Grabes TT 1 und der Schächte 1181 und 1182 gefunden.) Zwar wurden keine Fragmente des Hofeinganges entdeckt, es läßt sich jedoch aus anderen Anlagen folgern, daß ein Pylon den Eingang rahmte. Am Westrand des Hofes, am Berghang, stehen aneinandergereiht die drei Pyramiden. An der Schnittstelle von nördlicher Umfassungsmauer und nördlicher Pyramide waren noch die Reste eines Ziegelsteinmauerwerks von 1 m Länge, 0,70 m Höhe und 0,50 m Breite erhalten, bemalte Reliefs an der Ost- und Südseite zeigten Reste von 4 Opfertischen, was darauf hindeutet, daß diese Vorrichtung als Opfertisch bei Beisetzungen und Totenfesten diente. Am Eingang zur mittleren Pyramide stehen noch die Reste einer Mauer aus ungebrannten Lehmziegeln, die wohl einst die südliche Pyramide abtrennte.

Alle drei Pyramiden standen auf einer gemeinsamen Basis von 40 cm Höhe. Bruyère ordnet aufgrund des verwendeten Baumaterials, der Lage und inschriftlicher Belege die linke, südliche dem Vater des Sennedjem zu, die mittlere Sennedjem selbst, die nördliche seinem Sohn Chonsu. Während die südliche und mittlere Pyramide bereits ab der Basis gewinkelte Seiten haben, mußte die nördliche zunächst als rechtwinkliger vertikaler Bau begonnen werden, der nur oben von einer Pyramide gekrönt wird, da der im Hof noch zur Verfügung stehende Platz nicht mehr dazu ausreichte, eine normal geformte Pyramide in annähernd gleiche Höhe zu bringen wie die beiden älteren. Die Außenseiten der Pyramiden waren glatt verputzt und geweißt. Ihre architektonische Gliederung ist im Prinzip gleichbleibend: In der Mitte der Ostfassade befindet sich der rechtwinklige Eingang zur Kapelle im Inneren. Die reliefierte und farbig bemalte Steinrahmung wird senkrecht gebaut und von einer Hohlkehle abgeschlossen. Eine Nische über der Türe nimmt eine Kalksteinstele auf, die Spitze bildet schließlich ein reliefiertes Kalksteinpyramidion. Nach einem tiefen Eingang folgt im Inneren der Pyramide die gewölbte Kapelle, auf der dem Eingang gegenüberliegenden Westseite war wahrscheinlich jeweils eine Kalksteinstele angebracht.

Die südliche der drei Pyramiden ist ausschließlich aus Ziegeln errichtet, was sie in die 18. Dynastie datiert. Die anhand der Reste rekonstruierte Form ergäbe an der Fassade eine Länge von 5 m und eine Höhe von 7,50 m. Die Türe in der Mitte der Fassade war 0,95 m breit, nach einem Gang von 1,20 m Tiefe öffnete sich eine einstmals überwölbte Halle von 2,25 m Länge in Ost-West-Richtung, von 1,40 m Breite und 2,20 m Höhe. An den Wänden gibt es keine Reste, die auf ein Bildprogramm schließen ließen.

Die mittlere Pyramide des Sennedjem wurde 1930 rekonstruiert, wobei auch Blöcke mitverwendet wurden, die das Zeichen des Sennedjem tragen. Sie war ursprünglich aus Steinen und Ziegeln errichtet und hat kleinere Ausmaße als die südliche. Sie mißt an der Fassadenlänge 4,25 m, in der Höhe 6,85 m. Der Eingang ist asymmetrisch nach links verschoben (Höhe 1,75 m, Breite 0,85 m). Ein Fragment der Fassadenstele tauchte 1940 im Pariser Kunsthandel auf, sie trägt die Darstellung des Chonsu, des Sohnes des Verstorbenen, der kniend die Erscheinung der morgendlichen Sonne in ihrer Barke begrüßt. Vom Kalksteinpyramidion (Höhe 0,66 m) sind 13 Fragmente erhalten, mit den Namen des Grabbesitzers und seiner Gemahlin sowie der Söhne Chabechnet, Chonsu und Ramose. Es ist reliefiert mit figürlichen Darstellungen und Inschriften. Ins Innere der Pyramide führt ein gewölbter Gang von 1,20 m Länge, der in eine ebenfalls gewölbte Halle mündet von 2,25 m Länge in Ost-West-Richtung und von 1,35 m Breite und 2,10 m Höhe. Die Westwand dieser Kapelle trägt Spuren einer Kalksteinstele, die wohl auf dem Verputz befestigt war. Fragmente einer Stele mit den Namen zweier Söhne des Sennedjem könnten eventuell hier zugeordnet werden.

Die nördliche Pyramide kann durch Reste von Malerei und Inschriften in der Kapelle Chonsu, einem der Söhne des Sennedjem, zugeordnet werden. (Fassadenlänge: nur 3,10 m, Höhe max. 6 m; Eingangstüre: 0,80 m Breite, 1,60 m Höhe; gewölbter Gang: 1,20 m Länge; gewölbte Halle: 1,87 m Länge in Ost-West-Richtung und 1,20 m Breite.) Die Halle enthielt ein ausführliches Bildprogramm, das heute leider nur mehr in kleinen Resten

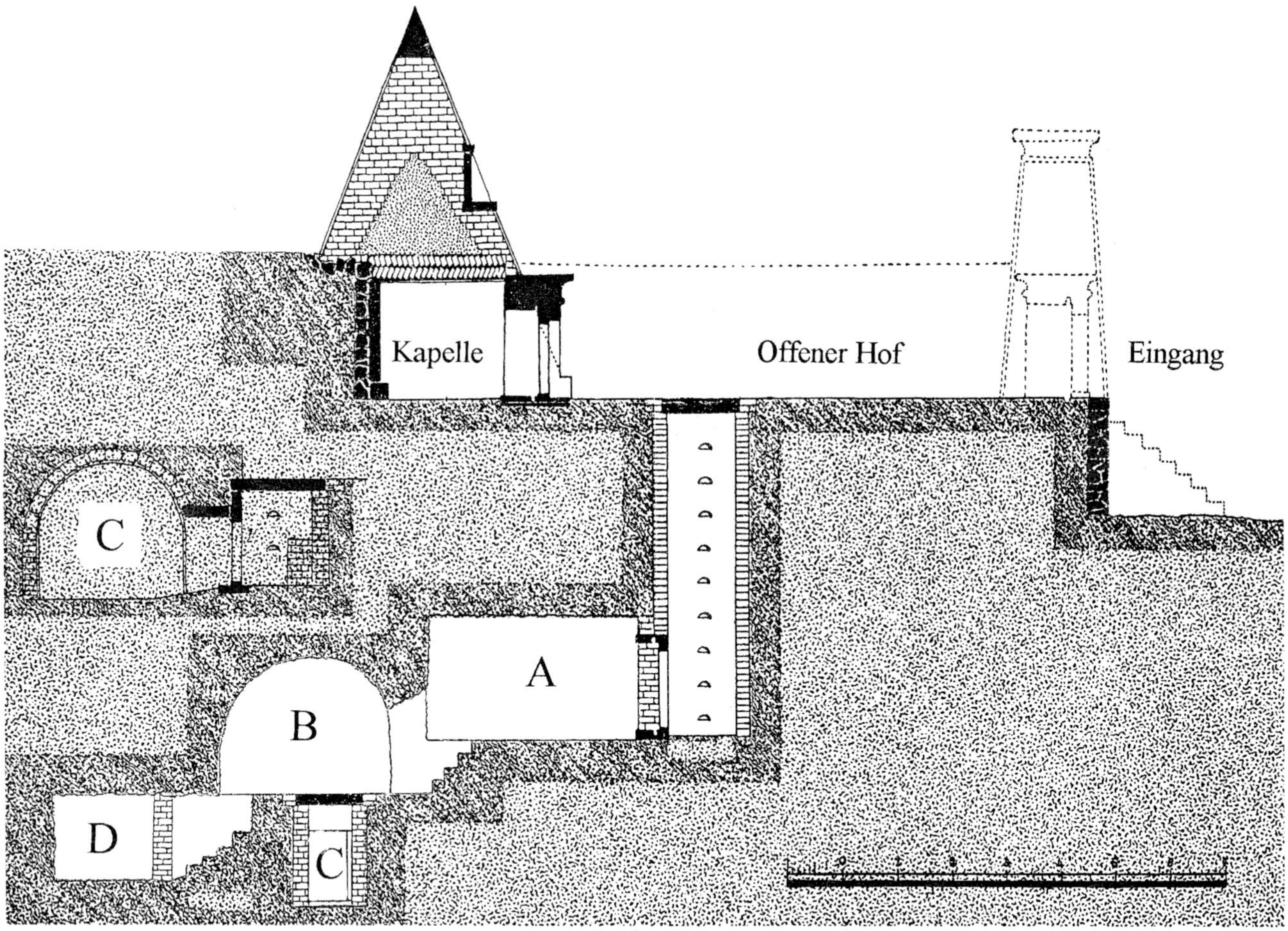

Abb. 12 Schnitt durch die Anlage des Sennedjem (nach Bruyère)

erhalten ist: An der Nordwand Szenen mit der Darstellung des Chonsu und seiner Frau, die sich bereitmachen, die von Wächtern bewachten Tore zum Reich des Osiris zu öffnen. Auf der Südwand Reste von Bestattungsszenen und Bestattungszug. Auch das Pyramidion des Chonsu ist erhalten, es befindet sich im Museum von Turin, im Text sind die Namen des Chonsu, seiner Frau Taamacht und des Sohnes Nachtenmut aufgeführt. Die Darstellungen darauf zeigen verschiedene Gottheiten und beinhalten den Sonnenlauf.

Abb. 11 Rekonstruierte Pyramide des Sennedjem und Schacht zur Grabkammer

Der unterirdische Teil der Anlage
(s. Abb. 12 und 13)

Innerhalb und außerhalb der Einfassungsmauer des Hofes der Anlage TT 1 liegen die Öffnungen zu drei Schächten, die Schächte 1181 und 1182 führen zu nur grob ausgehauenen Kammern. Der Grabschacht zur Sargkammer des Sennedjem öffnet sich vor der zugehörigen mittleren Pyramide an ihrem nördlichen Ende (s. Abb. 11). Er war ursprünglich mit einer Steinplatte verschlossen, die in einer gemauerten Einfassung einrastete. Der Schacht ist rechteckig, er mißt an der Öffnung 1,40 x 0,70 m und ist mit ungebrannten Lehmziegeln verkleidet und geweißt. Seine Tiefe beträgt 6,05 m. Ca. alle 50 cm sind in seiner Nord- und Südwand Vertiefungen an-

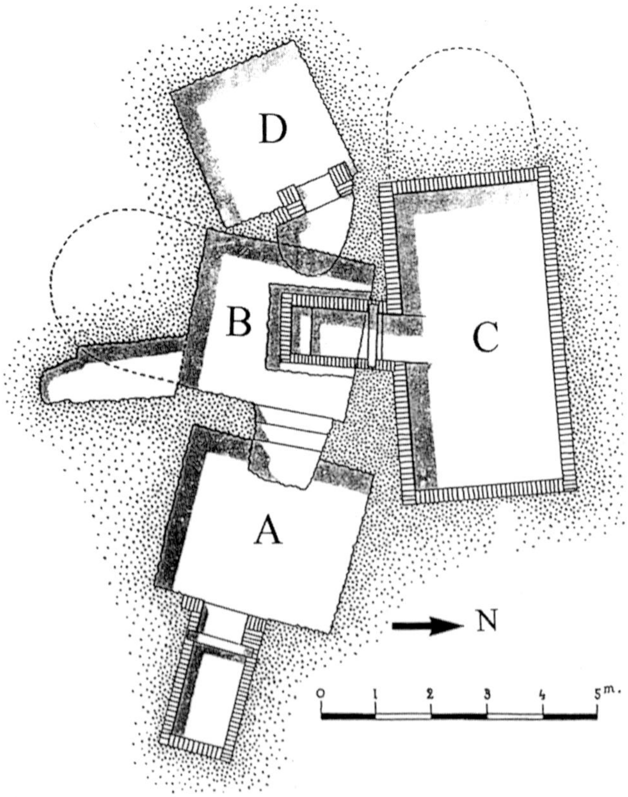

Abb. 13 Grundriß der unterirdischen Anlage (nach Bruyère)

gebracht als Steighilfen. Die Westseite des Schachtes war unten durchbrochen von einer rechtwinkligen, verschließbaren Türe, die Einfassung aus Kalkstein trug die Namen des Sennedjem, seiner Gemahlin Iineferti und zweier ihrer Söhne, Chabechnet und Chonsu. 1921 wurden die noch am originalen Platz erhaltenen unteren Teile der beiden Türpfosten ins Magazin verbracht. Es schließt sich der nur grob herausgehauene Raum A an (3 m x 3,80 m), über vier nach unten führende Stufen erreicht man anschließend die gewölbte, sorgfältig ausgearbeitete Kammer B (Länge und Breite 3,50 m, Höhe 2,50 m); sie weist eine leichte Achsenverlagerung nach Süden auf.

An der Südwand der Kammer B befindet sich die Öffnung zu einer kleinen Aushöhlung mit niedriger Decke, ungefähr 2 m tief, in der seit der Entdeckung des Grabes die undekorierten Keramikfragmente aufbewahrt wurden. Im Westen des Raumes ist ein niedriger Eingang mit zwei Türpfosten aus ungebrannten Lehmziegeln gerahmt, es folgt nach einem kurzen Schacht die nur grob herausgeschlagene Kammer D (2,40 x 2,95 m, Höhe 1,40 m). Diese Kammer D könnte entweder die ursprünglich geplante Grabkammer sein, die man wegen technischer Probleme aufgab, vielleicht aber auch der Beginn einer späteren Erweiterung der Anlage, die der Aufnahme weiterer Mumien dienen sollte. Im Boden vor der Nordseite der Kammer B liegt die mit Ziegeln gefaßte Öffnung zu einem senkrechten, nur 2 m tiefen Schacht (1,30 m x 0,80 m), der oben mit einer Kalksteinplatte verschlossen war. Diese Platte war noch 1886 an ihrem Platz, wurde aber bei der Öffnung des Grabes zerbrochen. Der Schacht ist mit Ziegelsteinen verkleidet und geweißt. Eine Stufe und auf jeder der Breitseiten zwei Tritthilfen erleichtern den Abstieg.

Am Fuß dieses Schachtes befand sich die Tür zur Grabkammer (s. Taf. S. 56–67 und Frontispiz). Ihre Rahmung bestand aus Kalkstein, war reliefiert und bemalt. Sie wurde 1886 herausgebrochen, um die von innen verriegelte Holztüre unbeschädigt entfernen zu können. Der Türflügel selbst besteht aus mehreren gedübelten oder verzapften Brettern Sykomorenholz, ist grundiert und beidseitig bemalt (Gesamthöhe mit Angeln 1,35 m, Höhe des Flügels 1,17 m, Breite 0,78 m). Die Drehpfannen waren in Türsturz und -schwelle rechts ausgehöhlt, der Türflügel schlug innen an die Steinrahmung an und öffnete sich folglich auch nach innen in die Grabkammer. Der Türverschluß außen besteht aus einem viereckigen Holzblock, der am Türblatt mit 4 Dübeln befestigt ist; durch zwei Metallösen auf diesem Block wurde ein Holzstab gezogen, der in einer kleinen Aushöhlung im linken Türpfosten einrastete. Eine Kordel war an diesem Verschluß angebracht, wurde über den Türflügel nach innen gezogen und war hier befestigt an einem hölzernen Schnappriegel, der wiederum in einer Aushöhlung im linken Türpfosten einrastete. An der Kordel wurde an der Außenseite der Türe nach jeder Bestattung und Öffnung der Grabkammer ein Tonsiegel angebracht. Das bei der Entdeckung gefundene und dann verlorengegangene Siegel stellte den Gott Anubis dar (Beschreibung von Bild- und Textprogramm von Rahmung und Türblatt s. u.).

Auf die Türe folgt der Eingang zur Grabkammer mit flacher Decke, der Boden fällt leicht zur Grabkammer hin ab. Der Gang ist 1 m lang und 1,50 m hoch, an Decke und Wänden bemalt (s. Taf. S. 62 und 63).

Die gewölbte und damit zugleich an die Form des Him-

Abb. 14 Blick in die Grabkammer nach Westen, Eingang in der Mitte der Südwand

mels und die eines Sarkophages erinnernde Grabkammer ist von perfekter rechteckiger Form (5,12 m x 2,61 m, Scheitelpunkt des Tonnengewölbes bei 2,40 m) und mit Ziegeln komplett verkleidet, das Bodenniveau liegt 8,35 m unter dem des Hofes. Der Eingang befindet sich in der Mitte der Südwand, die Stirnwände im Osten und Westen, die Längsachse des Raumes in Ost-West-Richtung ist leicht nach links verschoben (s. Abb. 14).

DIE DARSTELLUNGEN IM UNTERIRDISCHEN TEIL DER ANLAGE

Die ramessidischen Gräber von Deir el Medineh weisen einen zeittypischen Schwerpunkt im Bild- und Textprogramm auf, es sind nun auch in den Privatgräbern rein aufs Jenseits orientierte Darstellungen, die sich mit dem Weg des Verstorbenen ins Reich des Osiris beschäftigen, mit den Gefahren, die er zu bestehen hat, mit dem Leben des Verstorbenen in der Unterwelt, seinem Umgang mit den Göttern und seiner ewigen Wiedergeburt. Diese Motive des Bild- und Textprogramms von oberirdischer Kapelle und unterirdischer Grabkammer entstammen dem Totenbuch, einer Sammlung von Sprüchen, die den Toten begleiten. Bildmotive sind die sogenannten Vignetten, die man als Illustrationen und bildhafte Ergänzungen einzelner Abschnitte des Totenbuches verstehen kann. Wie im weiteren deutlich werden wird, ist die schon in der Architektur vorgelegte Ost-West-Orientierung ebenso konsequent bei der Verteilung der Themen bis hinein in die Ausrichtung einzelner Figuren angewandt, so daß sich ein auf die Himmelsrichtungen, auf den Lauf der Sonne, bezogenes äußerst komplexes Geflecht ergibt.

Eingang außen

(s. Abb. 15 und Taf. S. 56–61)

Die einzelnen Motive des Bild- und Textprogramms sind eng aufeinander bezogen, sowohl in ihrer Anordnung zueinander als auch in ihrer Verteilung an bestimmten Stellen der Architektur. Diese inhaltlichen Zusammenhänge machen in der Beschreibung aller Bestandteile der Türe eine Trennung von Außen- und Innenseite nötig. Wie schon erwähnt, schlug das Türblatt innen an der Rahmung an, so daß die komplette steinerne Einfassung der Türe nach außen zu liegen kam.

Rahmung – Außenseite

Der Text der nach außen gewandten Rahmung, auch der Außenseite des Türblattes, besteht aus Lobpreisformeln.

Türpfosten Ostseite:
. . . der von der Wahrheit lebt,
er möge ihm Gerechtigkeit geben am Ort der Wahrheit,
für den Ka des Dieners am Ort der Wahrheit, Sennedjem, gerechtfertigt.

Türpfosten Westseite:
. . . [Ptah], der König der Beiden Länder,
der Schöngesichtige, der die Künste schuf,
öffne die Tore für alle Herren,
für den Ka des Osir Sennedjem.

Türsturz außen:
Er trägt die Darstellung der von Ost nach West fahrenden Sonnenbarke auf einer Himmel-Hieroglyphe. Antithetisch rechts und links davon angeordnet steht Sennedjem in Anbetungsgestus, links am Boden vor Sennedjem sitzt ein Frosch. In der Mitte der Barke hockt Atum mit Doppelkrone und *anch*-Zeichen, vor ihm das *schemes*-Zeichen, ein Symbol für das Gefolge des Gottes, hinter ihm der Buto-Kiosk und die beiden Steuerruder der Barke. Der Bug des Bootes kann als Ziermatte gedeutet werden, deren Ränder mit punktförmig eingezeichneten Schlaufen besetzt sind, obenauf sitzt der junge Harpokrates. Die Verbindung mit dem Schöpfungs- und Wiedergeburtsgedanken wird hier kräftig betont durch den Schöpfergott Atum in der Barke, das Sonnenkind Harpokrates und der Frosch sind Symbole für das wiedererweckte neue Leben, für die Auferstehung des Verstorbenen. Der Text über der Darstellung nennt in der Mitte den Namen des Gottes: *Atum ruht im Westgebirge*, rechts davon: *Lobpreis geben an Atum, . . . ruht im Westgebirge, seitens des Dieners am Ort der Wahrheit*, und links davon: *Lobpreis geben an Re-Harachte, der von der Wahrheit lebt, gemacht . . . von Sennedjem, gerechtfertigt.* Oben wird der Türsturz von einer über die ganze Breite gehenden Himmel-Hieroglyphe abgeschlossen.

Rahmung – Innenseite

Götter des Ostens und des Westens werden, wie schon an den nach außen gewandten Teilen der Türrahmung, an den entsprechend im Osten oder Westen liegenden Türlaibungen angerufen, diesmal mit Opfergebeten.

Türlaibung Ostseite:
Ein Opfer, das der König gibt an Re-Harachte.
Er möge geben: Verklärtsein im Himmel, Macht auf Erden, Rechtfertigung im Totenreich, Gestalt vor den Göttern,

für den Ka des Osir, des Dieners am Ort der Wahrheit, Sennedjem.

Türlaibung Westseite:
Ein Opfer, das der König gibt an Osiris, den Ersten im Westen,
Anubis, dem Herrn des Rasetjau,
Hathor, der Herrin der westlichen Nekropole,
er möge ihnen geben Rinder, Vögel, frisches Wasser,
für den Ka des Osir, des Dieners am Ort der Wahrheit, Sennedjem, gerechtfertigt.

Türsturz Unterseite:
Ein Opfer, das der König gibt an Osiris Wenennefer.
Er möge eintreten und herauskommen im Totenreich.
Für den Ka des Dieners am Ort der Wahrheit, Sennedjem, gerechtfertigt.

Türblatt Außenseite (s. Taf. S. 57–61)

Mit der breiten gelben Einfassung kontrastiert kräftig das weißgrundige Bildfeld, das in zwei Register geteilt ist und von einer blauen Himmel-Hieroglyphe oben abgeschlossen wird.
Im oberen Register ist links Osiris auf einem Thron dargestellt, mit *atef*-Krone, *heqa*-Szepter, Geißel und *was*-Szepter. Hinter ihm im roten Kleid Maat, die Göttin des Westens, die Feder der Wahrheit auf dem Kopf, vor Osiris ein Opfertisch mit Kultgefäß und einem Strauß blauer Lotosblumen. Davor stehen zu den Göttern gerichtet in Anbetungsgestus Sennedjem, seine Frau Iineferti und ihre Tochter Irutnefer. Der Text über den Dargestellten nennt zunächst den Namen des Gottes: *Osiris, der Erste im Westen,* nach rechts wieder wie auf der Rahmung der Türe der Text: *Lobpreis geben an Osiris, den Ersten im Westen, seitens des Dieners am Ort der Wahrheit, Sennedjem, gerechtfertigt, seine Schwester, Herrin des Hauses, Iineferti, gerechtfertigt und ihre geliebte Tochter Irutnefer, gerechtfertigt.*
Im unteren Register stehen die männlichen Nachkommen des Sennedjem vor dem falkenköpfigen Totengott Ptah-Sokar-Osiris, mit der weißen *atef*-Krone, *was*-Szepter und *anch*-Zeichen, hinter ihm die Göttin Isis im roten Kleid. Vor den Gottheiten sind auf einem kleinen Opfertisch ein Kultgefäß und ein Bukett blauer Lotosblumen angeordnet. Die Männer, mit der rechten erhobenen Hand grüßend, in der linken einen Papyrusstengel haltend, werden von Chabechnet, dem ersten Sohn des Sennedjem, angeführt. Vor den Göttern die Inschrift: *Ptah-Sokar-Osiris, Herr des Himmels, Herrscher der Ewigkeit, die große Isis, Herrin des Himmels,* nach rechts folgt: *Lobpreis an Ptah-Sokar, Erdeküssen vor der großen Isis, seitens des Dieners am Ort der Wahrheit, Chabechnet, gerechtfertigt, sein Bruder Bachara, gerechtfertigt, Rahotep,*

Abb. 15 Außenansicht des Eingangs zur Grabkammer mit Steinrahmung und hölzernem Türblatt (1 : 4-Modell A. Shedid)

gerechtfertigt, Chonsu, gerechtfertigt, Ramose, gerechtfertigt, Anhotep, gerechtfertigt, Ranechu, gerechtfertigt.

Eingang innen
(s. Abb. 16)

Türblatt Innenseite (s. Taf. S. 64–67)

Dargestellt werden Sennedjem und seine Gemahlin Iineferti beim *senet*-Spiel. Der Text der Türe, elf vertikale Textkolumnen, beginnt rechts und stellt mit der Wahl des Totenbuchspruches einen eindeutigen Anfang der Text- und Bilderfolge für die gesamte Grabkammer dar, denn die hier wiedergegebene Nachschrift zu Spruch 72 erklärt prinzipiell und programmatisch Sinn und Zweck aller Darstellungen an den Wänden der Grabkammer:

Wer dieses Buch kennt auf Erden
– oder wenn es auf seinen Sarg geschrieben wird –,
der geht heraus am Tage in jeder Gestalt, die er wünscht,
und tritt wieder ein zu seinem (Wohn)Sitz, ungehindert.
Dem werden Brot und Bier gegeben
und ein großes Stück Fleisch vom Opferaltar des Osiris.
Er geht hinaus zum Binsengefilde,und Gerste und Spelt
werden ihm dort gegeben.
Er weiß zu befehlen, wie auf Erden,
und er verwirklicht jeden Wunsch,
gleich jenen Göttern, die dort sind.
Ein wahres Heilmittel, millionenmal (erprobt).

Dann folgt in Zeile 7 des Türflügels die Überschrift des Spruches 17, dessen Text wird weitergeführt zunächst auf der westlichen und dann auf der östlichen Eingangswand. Die Überschrift lautet:

Anfang der Erhebungen und Erinnerungen,
des Herausgehens und (wieder) Hinabsteigens ins Totenreich.
Verklärt zu sein im schönen Westen,
herauszugehen am Tage,
jegliche Gestalt anzunehmen, die er (der Tote) wünscht,
das Brettspiel spielen und in der Halle sitzen.
Als lebendiger Ba herauszugehen
seitens des Osir, des Dieners am Ort der Wahrheit,
Sennedjem
und seiner Schwester, der Herrin des Hauses, Iineferti,
gerechtfertigt.

Auch die Wahl des Anbringungsortes für Spruch 17 am Türflügel und damit am Eingang zur Grabkammer steht in konsequenter Entsprechung zur Bedeutung dieses Spruches, der vom Ein- und Ausgehen im Jenseits handelt und dieses Motiv als eine der wichtigsten Vorstellungen aus dem Totenbuch als erstes der Bilderfolge einsetzt.
Die Vignette zu dieser Überschrift ist direkt über dem Text auf der Innenseite des Türflügels angebracht. Das *senet*-Spiel (wörtlich: das Fort-/Durchschreit-Spiel) spielt der Tote symbolisch um seinen Übergang in die Unterwelt, seine Wiedergeburt und Versorgung; es symbolisiert den Weg des Verstorbenen durch das Totenreich, kann somit, wie der Text darunter, auch als Zusammenfassung und Kurzfassung des Bildprogramms des Grabes gesehen werden. So sitzen also der Verstorbene Sennedjem und seine Gemahlin Iineferti auf schwarzen Stühlen mit Löwenfüßen in einem aus Pflanzenstengeln konstruierten Pavillon. Sennedjem ergreift einen Spielstein. Das Spielbrett ist ein längliches Kästchen auf grazilem Ständer mit jeweils fünf schwarzen und weißen Spielsteinen. Die Wurfknöchelchen liegen unter dem Tisch. Rechts davon ein Speisenaufbau mit Feigen, Gurken, Kuchen, Fruchtkörben und Lattich, mit Amphoren und Vasen. Die sechs kurzen Textkolumnen darüber geben die Namen der Dargestellten an.
Folgerichtig gestaltet der Maler des Grabes nun alle an den Türflügel anschließenden Wandseiten weiter, also die Decke, die linke und rechte Wandung des Eingangsbereichs, mit drei weiteren Vignetten des Spruches 17. Auch kompositorisch werden die Teile des Eingangs zu einer Einheit verbunden, indem die Bildmotive von Türblatt und westlicher und östlicher Wand des Eingangs auf exakt gleicher Höhe beginnen, der untere Teil der Formate von senkrechten Textkolumnen gefüllt wird (s. Taf. S. 62 und 63).

Eingang Westseite

Die westliche Wand des Einganges nimmt die Vignette mit dem Löwenpaar Ruti auf. Zwei Löwen sitzen Rücken an Rücken und tragen zwischen ihren Schultern die Hieroglyphe des westlichen Horizonts, zwischen deren Hügeln die rote Sonnenscheibe ruht, darüber die blaue Himmel-Hieroglyphe. Sehr komplex ist die Bedeutung der beiden Löwen, sie werden als Morgen und als Gestern bezeichnet, können aber auch als Symbole der

Gottheiten Schu und Tefnut oder als Osten und Westen verstanden werden.

Der Text führt Spruch 17 weiter:

Was bedeutet das? Es ist Re am Beginn.
Re war es, der als König erschien . . . als König von Sutenhenen (Herakleopolis) . . .
als die Hochhebung des Schu noch nicht entstanden war,
als er auf den Hügeln von Chemenu war.
Siehe, er vernichtete die Feinde des Sonnengottes auf den Hügeln von Chemenu.
Ich bin der Große Gott, der sich selbst geschaffen hat.
Das Urwasser ist, das Wasser des Himmels ist, der Vater der Götter.
Andere Lesart: Es ist Re,
der seinen Namen schuf, die Neunheit.
Was bedeutet das?
Es ist Re, der die Namen seiner Glieder schuf,
daraus entstanden diese Götter, die im Gefolge des Re sind.
Ich bin der, dem man nicht wehren kann unter den Göttern.
Was bedeutet das?
Es ist Atum.

Eingang Ostseite

Der Text schließt direkt an den der Westseite an:

Andere Lesart: Wenn er am Osthorizont des Himmels aufgeht.
Ich bin das Gestern. Ich kenne das Morgen.
Was bedeutet das?
Was das Gestern betrifft – Osiris ist es,
was das Morgen betrifft – Re ist es
an jenem Tag, an welchem die Feinde des Allherrn vernichtet werden
und man seinen Sohn Horus als Herrscher einsetzt.
Andere Lesart: Das ist der Tag des Festes »Wir bleiben«,
es ist das Begräbnis des Osiris durch seinen Vater, seinen Vater Re.
Der Kampfplatz der Götter wurde nach dem Befehl des Osiris eingerichtet, des Herrn der westlichen Wüste.
Was bedeutet das?
Es ist der Westen. Er wurde für die Bas der Götter eingerichtet
nach dem Befehl des Osiris, des Herrn der westlichen Wüste.
Andere Lesart: Es ist der Westen.

Die Vignette darüber auf der östlichen Wandung des Eingangs zeigt den Sonnenkater, der die Apophis-Schlange

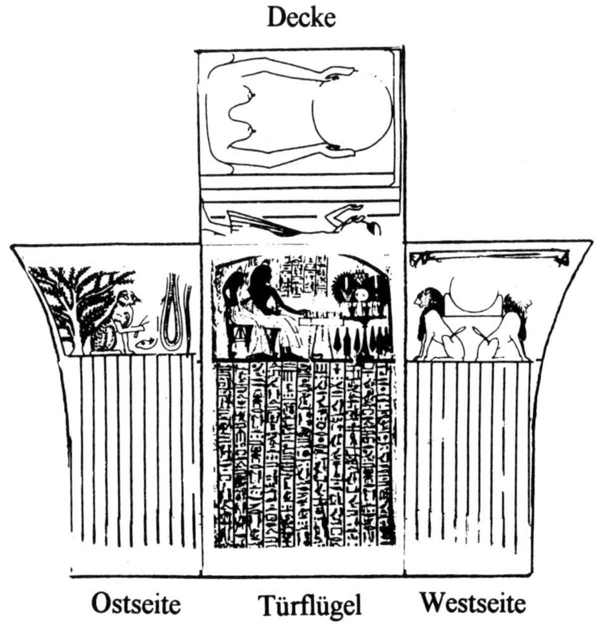

Abb. 16 Türblatt und Wände des Eingangs innen

tötet. Am linken Bildfeldrand sitzt unter dem *ished*-Baum von Heliopolis die Katze, Freund des Re oder nach anderer Version Re selbst, und schwingt ein großes Messer, um damit die sich bedrohlich vor ihr aufstellende Apophis-Schlange, einen Feind des Re, zu zerstückeln und damit zu vernichten.

Eingang Decke

Auf der Decke des Eingangs eine Vignette, die den Verstorbenen die zwischen den Bergen hervorkommende Sonnenscheibe anbetend zeigt. Sennedjem, an der Türseite des Einganges stehend und ins Grabinnere gewandt, rezitiert einen Sonnenhymnus, der in drei Textkolumnen vor ihm angeordnet ist:

Re anbeten, wenn er aufgeht im östlichen Lichtland des Himmels,

seitens des Osir, des Dieners am Ort der Wahrheit, Sennedjem. Er sagt:
Sei gegrüßt, der aufgeht im Urwasser,
der die Beiden Länder erhellt nach seinem Herauskommen,
Lobpreisen der versammelten Neunheit.
Aus einer Horizont-Hieroglyphe erscheint die Himmelsgöttin Nut, ihre Brüste wiederholen die Horizontform. Ihre beiden nach Westen gestreckten Arme halten die rote Sonnenscheibe im Firmament, das durch eine blaue Himmel-Hieroglyphe abgeschlossen wird.

Die Vignetten des Spruches 17 an Wänden und Decke des Eingangs sind so gewählt und den entsprechenden Himmelsrichtungen gemäß angeordnet, daß ihre Ausrichtung und Abfolge die Phasen des täglichen Sonnenzyklus von Aufgang bis Untergang des Gestirns nachvollzieht: Folgerichtig im Osten also die Vernichtung der Apophis-Schlange, die die aufgehende Sonne, den neugeborenen Re, bedroht; an der Decke Nut, die die junge Sonne gebiert und nährt, der Tageslauf der Sonne am Firmament und ihr höchster Stand im Zenit; im Westen ruht die untergehende Sonne schließlich im Horizont an den Pforten des Westens, die von den Löwen bewacht werden. Mit diesem Zyklus will der Tote im Jenseits verbunden sein und wie die Sonne jeden Tag verjüngt wieder auferstehen. Zu bemerken ist, daß Text und dazugehörige Vignetten jeweils verschränkt auf den gegenüberliegenden Wandseiten untergebracht werden; dies ist bestimmt kein Versehen des Malers, sondern ein Mittel, die Zusammengehörigkeit der Szene hervorzuheben und mit dem Sonnenzyklus zu verbinden.

Wände und Decke der Grabkammer

Betritt man die Grabkammer, so steht man einer großen Darstellung des thronenden Osiris gegenüber, die bestimmend in der Mitte der Nordwand plaziert ist und ihn als Herrscher der Unterwelt dominant hervorhebt. Beeindruckt ist man von der Übermacht der Bilder, die Decke und Wände überziehen. Nur ein schmales Farbband mit einem roten und gelben Streifen, von schwarzen Linien abgetrennt, grenzt die Darstellungen zum Boden hin ab (s. Abb. 14). Dann fällt die differenzierte Gliederung der einzelnen Wandflächen auf: mal wird eine Wand mit nur einem einzigen Bildfeld mit fast lebensgroßen Figuren gestaltet, eine andere wird unterteilt in zwei Register, eine andere in mehrere Unterregister. An der Decke schließlich grenzen weißgrundige Hieroglyphenbänder acht fast quadratische Bildformate voneinander und gegen die Bildfelder der Wand ab (s. Taf. S. 92 und 93). Inhaltlich und kompositorisch werden die Tympanonfelder der Stirnwände im Osten und Westen der Decke zugeordnet. Die Grabkammer gibt mit ihrer rechteckigen Form und der gewölbten Decke zugleich den Eindruck des Himmelsgewölbes und den eines Sarkophages, die Hieroglyphenbänder der Decke symbolisieren die schützenden Mumienbänder. Auch die Verteilung der Bildmotive orientiert sich nach den Grabachsen, was gleichbedeutend ist mit den Himmelsrichtungen und dem Lauf der Sonne, wie im weiteren deutlich werden wird. Die Grabkammer gibt in erweiterter Form die Thematiken des Einganges wieder: an den Wänden der Weg des Verstorbenen ins Jenseits, an der Decke seine Beteiligung am Sonnenzyklus.

Südwand

Sie ist durch den Eingang in der Mitte geteilt, die beiden Bildfelder rechts und links davon sind gleich groß und im gleichen System in 2 Register gegliedert. Die rechte und linke Hälfte des unteren Registers gehören motivisch zu einer Szene, was die Südwand sowohl optisch als auch inhaltlich wieder zu einer Einheit zusammenbindet.

Südwand Westhälfte (s. Taf. S. 68–71)

Hier mit dem im Eingang begonnenen Bilderzyklus der Grabkammer fortzufahren und im Uhrzeigersinn dann weiterzuschreiten entspricht dem Konzept des Malers, denn das obere Register hat eine weitere Vignette des Totenbuchspruchs 17 zum Inhalt und leitet somit vom Eingang her über. Die Mumie des Verstorbenen liegt mit dem Kopf nach Westen, ins Jenseits gerichtet unter einem Baldachin auf einem Löwenbett, und wird von den Göttinnen Isis und Nephthys in ihrer Erscheinung als Falkenweibchen beschützt. Der leichte Baldachin ruht auf dünnen, gestreiften Säulen und ist nach Westen hin gewölbt. Vom Dach hängt ein mehrfarbig gemustertes Tuch herab, den unteren Rand mit einer Reihe Quasten verziert. Der Hintergrund ist weiß gehalten. Außerhalb des Baldachins, antithetisch angeordnet und dem Toten zugewandt, stehen die beiden großen Falkenweibchen. Isis, zu Füßen des Toten, wird gekennzeichnet durch das

Thron-Emblem auf dem Kopf und durch die Beischrift: *Worte zu sprechen durch Isis, die große göttliche Mutter, Herrin des Himmels, Gemahlin aller Götter* (s. Abb. 24). Nephthys mit ihrem Namenszeichen *neb*-Korb und Haus auf dem Kopf, sichert in der Beischrift dem Verstorbenen ihren Schutz durch magische Worte zu: *Mächtig an Worten, Herrin des Himmels, Herrin der Beiden Länder, ich komme, um zu schützen den Osir, den Diener am Ort der Wahrheit, Sennedjem.* Die Totenklage von Isis und Nephthys ist ein Teil der Osiris-Legende, die beiden Göttinnen bewachen ihren toten Bruder Osiris. Der zu Osiris gewordene Verstorbene vollzieht das Schicksal des Gottes nach, auch der Schutz der beiden großen Göttinnen wird ihm zuteil.

Das untere Register nimmt den ersten Teil des Festmahls des Sennedjem mit seinen Verwandten auf, den zweiten Teil die Osthälfte der Südwand daneben (zu den Verwandtschaftsverhältnissen s. u.). Die Namen der Beteiligten werden in den Beischriften angegeben. Alle sind in festlicher Kleidung abgebildet, tragen auf den Perücken Salbkegel und Stirnbänder, die Frauen zusätzlich eine blaue Lotosblume, die Männer einen kurzen Kinnbart. In drei Gruppen gegliedert, sitzen die Personen auf schwarzen Stühlen mit Löwenfüßen, die wiederum auf grünen Matten stehen. Die Zäsur zwischen den Gruppen wird jeweils von einem in Gegenrichtung stehenden jungen Mann gebildet.

Die Szene beginnt am westlichen Ende des Registers mit Sennedjem und Iineferti, die nach Osten gewandt sitzen. Er hält das *sechem*-Szepter (s. Abb. 23). Ihr Sohn Bunachtef im Leopardenfell des *sem*-Priesters führt eine Libation aus der *hes*-Vase über einen neben Sennedjem stehenden Opferaufbau durch. Die beigeschriebene Formel gibt den Opfernden und seine Gaben an: *Ein Opfer aus allen guten und reinen Dingen, für Deinen Ka, aus Broten, Kuchen, Bier, Rindern, Geflügel, kühlem Wasser auf dem Opfertisch, andere Opfer aus der Hand deines Sohnes Bunachtef, gerechtfertigt.* Neben dem Stuhl der Verstorbenen stehen zwei Kinder: ein kleiner nackter Junge mit Haarlocke, sein Name ist Ranechu, er hält eine Lotosblume in seiner Hand, das junge Mädchen mit Namen Heteput trägt eine Ente.

Beim mittleren Paar handelt es sich um Tjara und seine Frau Taja. Neben deren Stuhl hockt ein junges Mädchen mit Namen Taaschsen. Sie riecht an einem Lotos. Rama bringt frisches Wasser in einer Vase und hält vor die Nase Tjaras ein Segel voller Wind als Symbol für Atemluft. Mehrere Totenbuchsprüche drücken den Wunsch des Verstorbenen nach Versorgung mit diesen Dingen aus, hier wird es erklärt mit: *das Bringen von Atemluft und Wasser für den Osir Tjara aus der Hand deines Sohnes Rama, gerechtfertigt und ehrwürdig. Seine Schwester, die Herrin des Hauses, Taja, gerechtfertigt.*

Die dritte Gruppe besteht aus Chabechnet mit seiner Frau Tahennu und seiner zweiten Frau (?) Rusu, der Mann hält wie Sennedjem ein *sechem*-Szepter. Neben dem Stuhl von Rusu hockt auf dem Boden wieder ein junges Mädchen, ihr Name wird aber nicht angegeben. Der *geliebte Sohn Rama, gerechtfertigt* bringt gerade einen Salbkegel auf der Perücke des Chabechnet an, der Text: *Diener des Amun in der südlichen Stadt, Chabechnet, gerechtfertigt,* und die Namen der beiden Frauen: *seine Schwester, die Herrin des Hauses, Tahennu, gerechtfertigt; die Herrin des Hauses, Rusu, gerechtfertigt.*

Westwand (s. Taf. S. 72 und 73)

(Beschreibung Tympanon s. u. Deckenzyklus)

Die Wandfläche zeigt in beinahe lebensgroßer Darstellung Sennedjem und Iineferti in Anbetungsgestus vor einem wandhohen Schrein. Wie die Beischrift erklärt, beten die Verstorbenen alle Götter der *dat* (Unterwelt) an: *Lobpreis geben an die Götter der dat, seitens des Osir, des Dieners am Ort der Wahrheit, Sennedjem, gerechtfertigt, seine Schwester, von ihm geliebt, die Herrin des Hauses, Iineferti, gerechtfertigt.* Der Schrein besteht aus einem mehrfarbig gestreiften Rahmen, vom oberen Abschluß, einer Hohlkehle mit Uräenfries, hängt ein Weintraubenfries herab. In diesem Schrein sitzen vor weißem Hintergrund in zwei Reihen 13 Götter, jeder auf einer eigenen Maat-Hieroglyphe. Ihre Größe nimmt von Süden nach Norden stetig zu, abwechselnd tragen sie den Götterbart oder sind bartlos, abwechselnd sind sie rot oder gelb gekleidet und haben ein braunes oder grünes Gesicht. Im oberen Register führt Osiris mit der weißen Krone fünf anonyme Götter an. Im unteren Register beginnt die Götterreihe mit dem falkenköpfigen Re-Harachte, der die rote Sonnenscheibe auf dem Haupt trägt. Ihm folgen sechs ebenfalls anonyme Gottheiten. Sonnengott Re-Harachte und Totengott Osiris als die Pole des Sonnenzyklus sind in dieser Darstellung vereint. Getrennt werden die beiden Register von drei horizontalen Inschriftenzeilen mit Titel und Vers 9–11 des Totenbuchspruches 190, wozu die beschriebenen bildlichen Darstellungen die Vignette bilden.

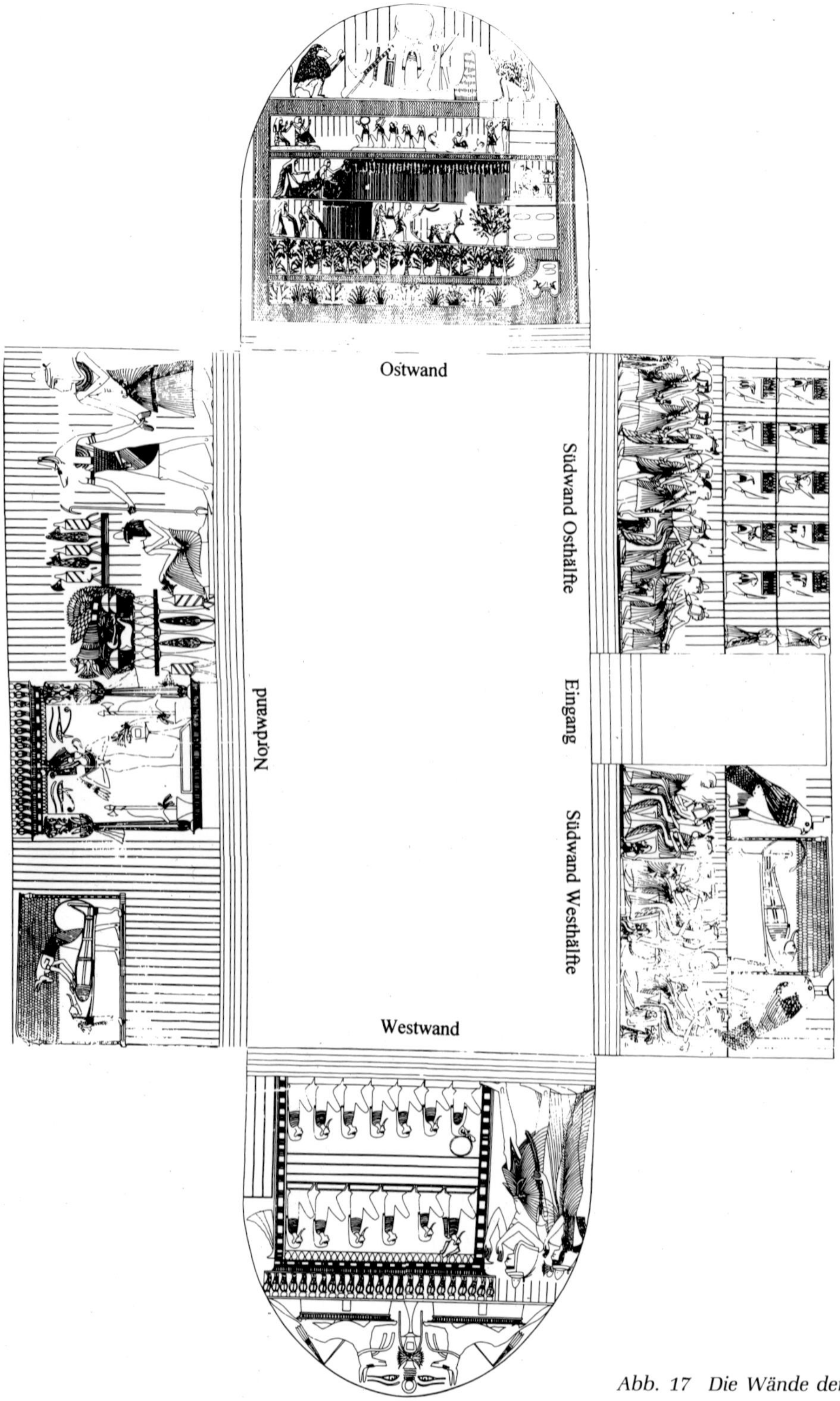

Abb. 17 Die Wände der Grabkammer (nach Bruyère)

Der Titel:
Schriftrolle, einen Verstorbenen auszuzeichnen im Herzen des Re,
ihn Macht haben zu lassen bei Atum,
ihn groß werden zu lassen bei Osiris,
ihn stark werden zu lassen bei Chontamenti,
ihm Autorität zu schaffen bei der Götterneunheit.
Vers 9–11:
Zur Behandlung des Verstorbenen,
ihn weit ausschreiten zu lassen und ihm seinen Gang wiederzugeben,
Taubheit von ihm zu vertreiben und sein Gesicht zu öffnen, zusammen mit dem Gott.

Nordwand (s. Taf. S. 74–79)

Rechts vom Götterschrein beginnt noch auf der Westwand mit drei senkrechten Kolumnen Totenbuchspruch 1, der an der Nordwand um die Vignette mit dem Motiv des Anubis an der Bahre der Mumie weitergeführt wird. Daß die Wände der Grabkammer nicht als einzelne abgeschlossene Bildfelder zu verstehen sind, sondern als ein Ganzes aufzufassen sind, zeigt dieses Überleiten eines Textes auf die angrenzende Wand; dies ist sehr anschaulich an einem kleinen Detail zu beobachten: die Hieroglyphen werden sogar über das Raumeck geschrieben.

Spruch vom Hinabsteigen zum Götterkollegium des Osiris am Begräbnistag des Osir, des Dieners am Ort der Wahrheit, Sennedjem, gerechtfertigt,
Oh Stier des Westens, sagt Thot zum König der Ewigkeit,
Ich bin der große Gott an der Seite der Gottesbarke, ich habe für dich gekämpft.
Ich bin einer von jenen Göttern des Tribunals,
das Osiris über seine Feinde triumphieren läßt
an jenem Tag des Gerichts.
Ich gehöre zu deinen Leuten, Osiris.
Ich bin einer von jenen Göttern, die Nut geboren hat,
(einer,) der die Feinde des Osiris schlachtet und seine Widersacher einsperrt.
Ich gehöre zu deinen Leuten, Horus,
ich habe für dich gekämpft,
ich bin für deinen Namen eingetreten.
Ich bin Thot,
der Osiris über seine Feinde triumphieren läßt
an jenem Tag des Gerichts im großen Fürstenhaus, das in Heliopolis ist.
Ich bin ein Busiritischer, Sohn des Busiritischen –
in Busiris bin ich empfangen,
in Busiris bin ich geboren.
Ich war mit den Klageweibern des Osiris,
die Osiris betrauern im Wäscher-Ufer,
die Osiris über seine Feinde triumphieren lassen.
Re befiehlt dem Thot,
Osiris über seine Feinde siegen zu lassen.
Der Befehl wurde von Thot ausgeführt.
Ich war mit Horus
am Tag, da der Zerspaltene bekleidet wird
und die Grüfte geöffnet werden, um den Herzensmatten zu waschen,
und der Zugang zu den Geheimnissen in Rasetjau.
Ich war mit Horus
als Schützer jener linken Schulter des Osiris in Letopolis.
Ich gehe heraus und ich trete ein als Flamme
am Tage, an dem die Rebellen vertrieben werden in Letopolis.
Ich war mit Horus
am Tage, da die Feste des Osiris gefeiert werden,
wenn die Opfer dargebracht werden
am 6. und 7. Mondtag in Heliopolis.
Ich bin ein wab-Priester in Mendes,
gesalbt in Abydos am Tag der Auferstehung.
Ich bin ein hem-Priester von Abydos
am Tage, da die Erde hoch wird.
Ich bin es, der die Geheimnisse in Rasetjau sieht,
ich bin es, der die Festrolle des Ba von Mendes rezitiert.
Ich bin der sem-Priester in seiner Funktion.
Ich bin der große Vorsteher der Arbeiten
am Tage des Festes des Erdepflügens in Herakleopolis.
Oh ihr, die ihr die trefflichen Bas herankommen laßt im Haus des Osiris,
laßt (auch) meinen Ba herankommen mit euch in das Haus,
daß er schaue, wie ihr schaut,
New Romandaß er höre, wie ihr hört,
daß er aufstehe, wie ihr aufsteht,
daß er sich setze, wie ihr euch setzt.
Oh ihr, die ihr Brot, Kuchen und Bier den trefflichen Bas gebt im Haus des Osiris,
möget ihr geben Brot, Kuchen und Bier für den Osir, den Diener am Ort der Wahrheit in Theben-West, dem Westberg der Maat, Sennedjem, mein Ba sei mit euch.
Oh ihr, die ihr die Wege öffnet,
oh ihr, die ihr die Pfade auftut,
öffnet ...

Hier bricht der Text wohl aus Platzmangel unvermittelt

ab. Die Vignette ist eine Verkürzung des Inhalts, eigentlich sollten Begräbniszug und die Mumie vor dem Grab dargestellt werden. Wie auf der gegenüberliegenden Südwand auf gleicher Höhe, unter dem gleichen Baldachin, lediglich das Tuch ist hier länger heruntergezogen, liegt die Mumie des Sennedjem wieder auf dem Löwenbett, diesmal auf einer grünen Matte. Neben der Bahre steht Anubis mit Schakalskopf, er beugt sich über die Mumie und legt beide Hände auf ihre Brust. Anubis ist der Herr der Stundenwachen und der Balsamierung, er schützt vor den Gefahren der Unterwelt (s. Taf. S. 74 und 75).

An diese Szene sollte nun eigentlich das Totengericht anschließen, in der das Herz des Verstorbenen aufgewogen wird gegen die Maat-Feder, das Symbol der Gerechtigkeit. Bei negativem Ergebnis wird der Verstorbene von der schrecklichen »Fresserin« verschlungen und somit für immer vernichtet und ausgeschlossen vom Weiterleben. Im Grab des Sennedjem wird die Gerichtsszene verkürzt auf die Darstellung des – wie immer positiven – Resultats des Wiegeaktes, nämlich die Vorführung des als frei von jeder Schuld gerechtfertigten Toten vor den thronenden Osiris, den Herrscher der Unterwelt, und seine Verehrung und Opferung vor dem Gott.
Anubis, der schakalköpfige Öffner der Wege, mit dem *was*-Szepter in der Hand, führt den festlich gekleideten Sennedjem bei der Hand von Ost nach West (s. Abb. 18 und Taf. S. 79). Im Ehrfurchtsgestus legt dieser seine linke Hand auf die Schulter, Anubis sichert ihm Schutz und ein Weiterleben im Jenseits zu, die Beischrift über dem Kopf des Anubis lautet:
Worte gesprochen durch Anubis,
es kommt zu dir der Osir,
der Diener am Ort der Wahrheit, Sennedjem, gerechtfertigt vor Osiris.
Es empfangen dich die Götter der dat,
gegeben wird dir dein Platz im Totenreich,
du bist gereinigt mit Weihrauch,
du bist zusammengefügt, vereinigt sind deine Glieder,
wie du geschaffen wurdest von den Vorfahren,
du bist einer von diesen Göttern, die in der dat sind.
Mögest du Sokar folgen nach Rasetjau,
Re anbeten, wenn er aufgeht,
ihn besänftigen, wenn er untergeht im Leben,
seitens des Osir, des Dieners am Ort der Wahrheit,
Sennedjem, gerechtfertigt.
Worte gesprochen von Maat, Tochter des Re,
dem Diener am Ort der Wahrheit, Sennedjem, gerechtfertigt,
Heil beim Eintreten,
Heil beim Austreten,
möge er geführt werden vor Osiris,
möge er sitzen an der Seite von Wenennefer, wie einer von diesen Göttern, die Horusdiener,
möge er nicht zurückgewiesen werden von den Toren der dat,
der Osir, der Diener am Ort der Wahrheit in Theben-West, Sennedjem, gerechtfertigt.

Ein rechts vom Schrein des Osiris beginnender Text entspricht inhaltlich Totenbuchspruch 125, er enthält das sogenannte negative Schuldbekenntnis, Sennedjem rechtfertigt sich darin vor Gericht:
Worte gesprochen vom Osir,
dem Diener am Ort der Wahrheit, Sennedjem, gerechtfertigt, er sagt:
Heil dir, Osiris, Erster im Westen, Wenennefer, Herr des Totenreiches, Herr der atef-Krone, mit spitzen Hörnern, schöner Jüngling, Erster im Westen.
Ich bin zu dir gekommen, oh Herr, Leben, Heil, Gesundheit.
Ich bin stark auf Erden, ich habe recht getan.
Nicht habe ich die Opferbrote in den Tempeln vermindert,
nicht habe ich die Opferkuchen der Götter beschädigt.
Ich bin eingetreten durch die Tore der dat,
nicht ist mein Tadel auf der Waage befunden worden.
Thot hat mich berechnet als einen von diesen Göttern, den Horusdienern.
Ich bin ein Diener deines Tempels, Osiris, mögest du mir Atemluft und Wasser geben.
Gesagt vom Osir, dem Diener am Ort der Wahrheit in Theben-West, dem Westberg der Maat, Sennedjem, gerechtfertigt, der Ehrwürdige, schön in Frieden.

In Kopfhöhe des Anubis sind auf einer grünen Matte zwei Lattichpflanzen zwischen drei Weinamphoren, von einem Lotosstengel umwunden, angeordnet. Sennedjem kniet am Boden, die Linke im Ehrfurchtsgestus an die Schulter gelegt (s. Taf. S. 78). Bemerkenswerterweise trägt er eine graumelierte Perücke, dieses Phänomen ist vielleicht kultisch mit dieser speziellen Szene in Verbindung zu bringen, Parallelen in anderen Gräbern von Deir el Medineh lassen dies vermuten. Der Verstorbene bringt Osiris einen reichen Opferaufbau dar: unter drei aneinandergereihte Opfertische sind zwei Weinamphoren auf Ständern und zwei Lattichpflanzen gestellt, auf

den Tischen zunächst drei Vasen und vier Kuchen, dann zwei Körbe mit Feigen und Trauben, ein Rinderschenkel, eine Ente, ein Bund Zwiebeln, ein Lattich, eine weitere Weintraube, ein großes Blumenbukett und ein Bund frischer Kräuter.
Über dem knienden Sennedjem in Höhe des Opfertisches die Beischrift:
Mögest du sitzen an der Seite von Wenennefer,
möge dir geben Brote und Bier vor Osiris-Chenti
der Osir, der Diener am Ort der Wahrheit, Sennedjem, getreu.

Die Beischrift vor dem stehenden Sennedjem und Anubis:
Worte gesprochen von Anubis, dem Herrn des göttlichen Aufenthaltsortes (Grab),
der Große Gott, Herr des Himmels.
Ich komme, mögen die Götter der dat empfangen den Osir, den Diener am Ort der Wahrheit, Sennedjem.

Osiris steht in einem prächtig geschmückten Kiosk vor weißem Grund. Der Kiosk ist erhöht auf einem weißen Sockel mit Hohlkehle, zwei vertikal grün-blau gestreifte Pflanzensäulen mit großen Blütenkapitellen und weißroten Schleifen stützen den Baldachin, der mit Weintraubenfries, mehrfarbig gestreifter Hohlkehle und Uräenfries sehr prunkvoll zusammengefügt ist. In der Mitte dieses Thrones steht nach Osten gewandt Osiris auf einer blauen, gelb gerandeten Maat-Hieroglyphe, in weißem Gewand, mit Krummstab und Geißel. Die grün-blau gestreifte *atef*-Krone trägt vorne eine rote Sonnenscheibe. In Kopfhöhe des Osiris sind antithetisch zwei *udjat*-Augen angebracht, vor und hinter der Maat-Hieroglyphe der *imiut*-Fetisch, der Anubis, den Balsamierer, allgemein Erneuerung von Kraft und Leben symbolisiert. Das Zeichen ist zusammengestellt aus einem in ein Gefäß gesteckten Stab, an dem ein Tierbalg ohne Kopf und Hinterbeine befestigt ist, der Schwanz läuft in einen Lotosstengel aus. Auf der Maat-Hieroglyphe vor Osiris steht ein Opfertisch mit einem Kultgefäß und einem Bund Lotosblüten. Die in dieser Szene eingesetzten Symbole, die pflanzliche Form des Kiosks, das grüne Gesicht des Osiris, seine Pflanzenkrone, die *imiut*-Fetische, deuten direkt auf die Hoffnung nach Erneuerung des Lebens, nach Fruchtbarkeit und Wiedererlangung der Kraft (s. Taf. S. 76 und 77).

Abb. 18 Anubis (Nordwand)

Ostwand (s. Taf. S. 80–87)

(Beschreibung Tympanon s. u. Deckenzyklus)
Die Wand nimmt die Vignette zu Totenbuchspruch 110 auf, die geschlossene Darstellung der *iaru*, der Binsengefilde der Seligen, in denen sich der Verstorbene nach bestandenem Gericht aufhalten darf. In der Überschrift dieses Spruches drückt sich der Wunsch des Verstorbenen aus, für seine Nahrung im Jenseits sorgen zu können, zu pflügen und zu ernten, zu essen und zu trinken, geschlechtlich zu verkehren und alles zu tun, was auf Erden getan wird.

Die Abbildung der jenseitigen Gefilde ist völlig von Wasser umschlossen, nur in der rechten oberen Ecke wird der Wasserlauf durch den Eingang unterbrochen, der mit zwei weißen und drei schwarzen Rechtecken angezeigt wird. Die Wasserwege verzweigen sich und schließen das oberste und unterste Register und rechts unten ein kleines Bildfeld ab. Im obersten Register knien Sennedjem und Iineferti im Verehrungsgestus auf einer rechteckigen Insel mit abgerundeten Kanten (s. Taf. S. 82). Die Hymne, die sie an die fünf vor ihnen auf einer Maat-Hieroglyphe hockenden Götter richten, nennt auch deren Namen: *Lobpreis an Re-Harachte, Erdeküssen vor Osiris, dem Ersten im Westen, er möge geben Lobpreis an Ptah, Herr der Maat, für den Ka des Dieners am Ort der Wahrheit, Sennedjem, gerechtfertigt, seine Schwester, Herrin des Hauses, Iineferti, gerechtfertigt.* Die genannten und zwei weitere kleinere, anonyme Götter repräsentieren die Große Neunheit (s. Taf. S. 83). Daneben fährt *sein geliebter Sohn Rahotep, gerechtfertigt* in einem kleinen Papyrusnachen, er wendet sich um nach den Göttern (s. Umschlag hinten). Rechts davon führt *sein geliebter Sohn Chonsu, gerechtfertigt* mit der Formel: *Geöffnet ist dein Mund, Osir Sennedjem, gerechtfertigt* die Mundöffnungszeremonie an der Mumie seines Vaters mit zwei Dechseln durch. Ein geschlossenes Rechteck schließt das Register ab, die Inschrift nennt noch einmal Titel und Namen des Verstorbenen, die drei Ovale heißen, nach anderen Quellen, Kampfplatz, Opferplatz und Größte.
Im zweiten Register arbeiten Sennedjem und Iineferti in gebückter Haltung auf dem weiten Kornfeld. Er mäht die Ähren oben am Halm ab mit einer Sichel mit gezahnter Schneide. Die Ähren fallen zu Boden und werden von Iineferti in einem Körbchen gesammelt (s. Taf. S. 84). Wiederum durch eine senkrechte Linie abgetrennt, bildet ein fast quadratisches Bildfeld den Abschluß dieses Registers. Auf breitem schwarzem Sockel kniet Sennedjem nach Süden gewandt auf einer grünen Matte. Auf dem Speisentisch vor ihm sind Brote, Kuchen, Wein und Pflanzen aufgehäuft, er riecht an einer Lotosblume.
Im dritten Register rauft Sennedjem mit beiden Händen Flachs aus, der mit hohen grünen Stengeln angegeben wird. Iineferti folgt ihrem Mann und bündelt den Flachs zu Garben (s. Taf. S. 84). Nach rechts schließt sich die Szene der Feldbestellung und Aussaat an. In gebückter Haltung führt Sennedjem mit der Rechten den Pflug, der von einem schwarz-weiß gefleckten Rindergespann unter einem Joch gezogen wird. Sennedjem schwingt mit der Linken eine Peitsche (s. Taf. S. 85). Hinter ihm streut Iineferti das Saatgut aus einem Körbchen in die Furche. Der Acker ist rechts von einer Sykomore begrenzt. Auch das dritte Register wird rechts von einem abgetrennten Feld abgeschlossen, das vier grüne Ovale enthält, es müßte sich dabei um Opferplatz, Helles Rot, Üppiges Grün und Herrin der Beiden Länder handeln.
Darunter im Südosteck der Wand eine kleine Abbildung der *djed-tefet*-Barke des Re-Harachte auf einem Wasserberg. Bug und Heck enden in Schlangenköpfen. An beiden Schiffsenden befindet sich je ein Paar Steuerruder, in der Barke ein getreppter Aufbau. Die beiden Ovale darüber heißen nach anderen Texten Starke und Landestelle.
Im vierten Register stehen mit reifen Früchten überladene Dattel- und Doumpalmen zwischen Sykomoren. Getrennt durch eine Wasserlinie, schließt im fünften Register unten ein Blumengarten mit rotem Mohn, blauen Kornblumen und gelb blühenden Mandragoren die Darstellung der *iaru*-Gefilde ab (s. Taf. S. 81).

Südwand Osthälfte (s. Taf. S. 88–91)

Die Bilder dieses Wandformats beziehen sich inhaltlich wieder auf das Eingangsmotiv, denn hier werden im oberen Register die beiden Verstorbenen Sennedjem und seine Gemahlin vor den Toren der Unterwelt gezeigt, die sie passieren müssen, um in die Gefilde der Seligen, deren Darstellung sich nach links auf der Ostwand anschließt, eintreten zu können.

Die Abbildung gehört zu Spruch 145: Anfang der Sprüche, um bei den unzugänglichen Toren des Osiris-Reiches im Binsengefilde einzutreten. Der Spruch ist reduziert auf die Namen der Wächter und der Tore, die der Verstorbene kennen muß, um sie passieren zu dürfen. Sennedjem und Iineferti stehen festlich gekleidet in anbetender Haltung vor zehn *sebechut*, den Wächtern der Jenseitstore. In jeweils fünf vertikalen Textkolumnen wird zunächst die Handlung erklärt.
Der Text bei Sennedjem:
Worte gesprochen vom Osir, dem Diener am Ort der Wahrheit, Sennedjem, er sagt:
Ich komme zu dir, Osiris, Herr von Amentet, Wenennefer, Herr von Dadu,
ich bin dir treu,
ich habe den Ort der Wahrheit geliebt,
ich habe die Wahrheit geliebt, ich habe nichts Böses getan,

ich kenne die Wege von Amentet
im Herzen des Osir, Sennedjem, gerechtfertigt.
Der Text bei Iineferti:
Worte gesprochen vom Osir, der Herrin des Hauses, Iineferti, gerechtfertigt, sie sagt:
Ich bin gekommen, um deine Schönheit zu erblicken, Großer von doppelter Macht, Herr der herrschenden Prinzen,
mögest du den Weg der Götter zu ihrem Sitz gewähren, führe die Seligen zu ihrem Sitz, um ihre Gräber mit Luft zu versorgen (?),
seitens der Herrin des Hauses, Iineferti, gerechtfertigt.

Jeder der zehn Torwächter vor den beiden Verstorbenen hockt in einem eigenen Bildfeld auf einer blauen Maat-Hieroglyphe unter einem Baldachin mit *cheker*-Fries, vom nächsten abgegrenzt durch zwei vertikale Inschriftenzeilen mit der Nummer des Tores und dem Namen des Wächters (s. Taf. S. 90 und 91). In der oberen Reihe vor Sennedjem sind die Torwächter mit ungeraden Nummern, darunter vor Iineferti die mit den geraden angeordnet. Jeder der Wächter hält ein Messer in den Händen, nur der Wächter des fünften Tores zwei.

Abb. 19 Sennedjem sichelt das Getreide im iaru-*Gefilde (Ostwand)*

Die Tore:
1. Tor: Wächter mit Geierkopf
Herrin des Zitterns, mit den hohen Mauern, Herrscherin der Zerstörung, die die Worte (Dinge) vorhersieht
2. Tor: Wächter mit Löwenkopf
Herrin des Himmels, Gebieterin der Beiden Länder, Zerstörerin, Herrin der Gesamtheit, die jedermann unterscheidet
3. Tor: Wächter mit Krokodilskopf
Herrin des Altars, groß an Opferspenden, . . . jeder Gott, der nach Abydos fährt, der Name des Torwächters ist . . .
4. Tor: Wächter mit Rinderkopf
Sie ist machtvoll durch Messer, Gebieterin der Beiden Länder, Zerstörerin der Feinde des Herzensmatten, . . .
5. Tor: Wächter kahlköpfiges Kind
Feuerentfachen, Herrin von Lobpreis, die Versorgung verzehrt, niemand hat Zutritt zu ihr. Der Name des Wächters ist . . .
6. Tor: Wächter mit Schlangenkopf
Herrin des Lichts, die große Brüllerin, ihre Länge ist nicht bekannt . . . es gibt nicht ihresgleichen
7. Tor: Wächter mit Menschenkopf
Leichentuch, das den Matten einhüllt, Beweiner ihrer Liebe
8. Tor: Wächter mit Vogelkopf
Flammendes Feuer, stürmende, herausschießende Flamme, gelöscht, die mit Feuerzungen besetzt ist, die ihre Hand herausschießt, die abschlachtet
9. Tor: Wächter mit Schakalskopf
Die an der Spitze steht, Herrin von Stärke, die in ihrem Herzen Freudige, die ihren Herrn gebiert, 350 Hundert-Ellen in ihrem Umfang
10. Tor: Wächter mit Hundekopf
Die laut an Stimme ist, die die erhebt, die weinen und bitten, die Gefürchtete der Schrecken

Im unteren Register folgt die zweite Hälfte des Festmahles mit der Verwandtschaft des Sennedjem. Auch hier sind alle Personen sehr festlich gekleidet, sie wenden sich nach Westen, da sich die gefeierten Verstorbenen im jenseitigen Westen befinden und sie selbst zur Feier aus dem Osten kommen. Wichtig ist auch die Einbeziehung

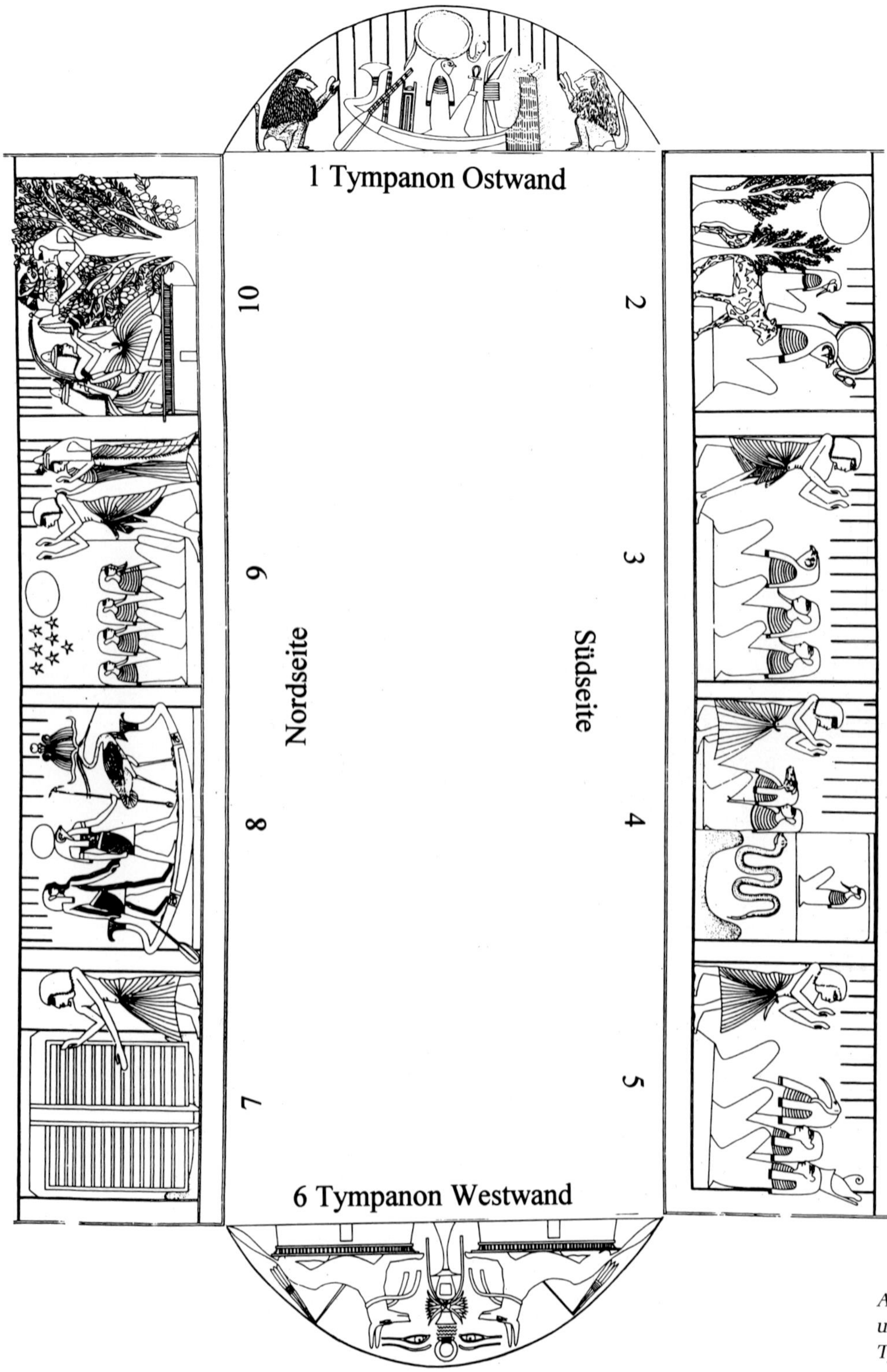

Abb. 20 Bildfelder der Decke und des östlichen und westlichen Tympanons (nach Bruyère)

des realen Eingangs in diese Szene, aus dem die Gäste in das Grab eintreten. Rechts im Bildfeld sitzen zunächst zwei Gruppen auf schwarzen Stühlen mit Löwenbeinen: vorne zwei Männer, der erste: *Osir Tutuja, gerechtfertigt, ehrwürdig, schön in Frieden*, und: *sein geliebter Bruder Mesu*. Tutuja streckt die Hand zu drei Opferbroten aus, die auf einem Tischchen vor ihm liegen. Neben dem Stuhl des Mesu steht ein junges Mädchen mit Namen Taja. Dann folgt ein Paar: *der Osir, der Diener am Ort der Wahrheit in Theben-West, Chabechnet, gerechtfertigt*, wohl der älteste Sohn des Sennedjem und seine Frau: *seine Schwester, von ihm geliebt, die Herrin des Hauses, Sahti, gerechtfertigt*, neben ihrem Stuhl das Mädchen Henetweret. Hinter den sitzenden Gästen kommen sechs Männer und eine Frau heran. Der erste, Bunachtef, bringt zwei Papyrusstengel, der zweite, Rahotep, einen Papyrus und eine Ente, die Frau Irutnefer einen Papyrus und ein ovales Gefäß mit langem Hals. Es folgen paarweise Chonsu und Ramose, sie bringen Papyrus und eine Ente, dann Anhotep und Ranechu mit einer Ente, einem Blumenstrauß und zwei Papyrusstengeln. Das junge Mädchen am Ende der Reihe wird nicht mit Namen genannt, sie hält in jeder Hand einen Papyrusstengel (s. Taf. S. 89).

Decke der Grabkammer (s. Abb. 20 und Taf. S. 92 und 93)

Die gewölbte Decke symbolisiert das Himmelsrund, den Lauf der Sonne vom Aufgang über den höchsten Stand im Zenit zum Untergang. Aufteilung und Gestaltung der Decke sind vergleichbar mit denen eines Sarkophages oder einer Mumienbindung. Weißgrundige Schriftbänder in Längs- und Querrichtung teilen die Decke in acht einzelne Bildformate, sie entsprechen den Bändern, die die verschiedenen Teile einer Mumie umgeben und sie durch die Anrufung verschiedener Gottheiten magisch schützen. Diese Textstreifen werden an der Westwand optisch durch die weiße Grabarchitektur, auf der die beiden Anubis-Schakale liegen, und an der Ostwand durch einen hellblauen Wasserstreifen weitergeführt. Durch diese Kompositionsmaßnahme werden die Tympanonfelder dieser Wände vom darunterliegenden Teilformat deutlich getrennt und der Deckenregion zugeordnet, auch ihre Inhalte sind wichtige Bestandteile des Deckenzyklus, der zusammengefaßt den Sonnenzyklus wiedergibt. Diesmal ist er, in einer erweiterten Variante zum Sonnenlauf des Eingangs, eng verbunden mit Darstellungen des Verstorbenen, dessen Wunsch für das Leben nach dem Tode es ist, in diesen Zyklus eingebunden zu werden, die Götter dabei begleiten zu dürfen und damit den ewigen Kreislauf von Tod und Wiedergeburt wie die Sonne erleben zu können. Man kann den Zyklus im Tympanonfeld der Ostwand mit der Ankündigung des Sonnenaufgangs beginnen, er wird fortgesetzt an der Südwand nach Westen mit dem Sonnenlauf bei Tage bis zum Untergang im Westen, abgeschlossen im Tympanonfeld der Westwand. Damit wird der bereits in den Vignetten zu Spruch 17 des Eingangsbereichs symbolisierte Sonnenlauf bei Tage in veränderter Version wiederholt. Die Nordseite des Gewölbes wird mit dem Reich des Osiris verbunden, und die hier abgebildeten Szenen spielen während des nächtlichen Laufes der Sonne, zuerst die Öffnung der westlichen Pforten, dann die Fahrt der Barke nach Osten, der von Mond und Sternen erleuchtete unterirdische Himmel und schließlich das Verlassen dieses Bereiches und der Eintritt in das Paradies von *iaru*, das die Sykomore der Nut kennzeichnet. Das sich anschließende Tympanon der Ostwand beginnt den Zyklus erneut, so daß sich ein geschlossener, ewig fortzuführender Kreislauf ergibt.

Zunächst jedoch zu den Textstreifen der Decke, sie sind folgerichtig von Ost nach West zu lesen. Die drei Schriftbänder in Längsrichtung des Raumes tragen Opferformeln.

Südseite:
Ein Opfer, das der König gibt an Hathor, Erste der Begräbnisstätte,
und an die Götter und Göttinnen, die in der dat (Unterwelt) sind,
mögen sie geben das Ein- und wieder Hinaustreten in der Unterwelt,
Nichtzurückgewiesenwerden an den Toren der dat (genau unter diesen Worten der Eingang und die Tür zur Grabkammer, anschließend die Szene mit den Toren zum Jenseits)
für den Ka des Osir, des Dieners am Ort der Wahrheit in Theben-West, Sennedjem, gerechtfertigt.

Mitte:
Ein Opfer, das der König gibt an Osiris Wenennefer,
Erster im Westen, erster Sohn des Geb,
der Große der Fünfheit, Vater aller Götter in Ewigkeit,

Herr von Aker (Unterwelt), König von Ober- und Unterägypten,
Herrscher der Ewigkeit, Ptah-Sokar,
Herr von Schetit (verborgener Platz),
du mögest mir geben Luft und Wasser,
dem Osir, dem Diener am Ort der Wahrheit, Sennedjem, gerechtfertigt.

Nordseite:
Ein Opfer, das der König gibt an Re-Harachte-Atum,
Herr der Beiden Länder, der Heliopolitaner,
er möge dir geben die Herrlichkeiten des Himmels, Kraft auf Erden,
gerechtfertigt zu sein in der Unterwelt,
das Fahren an der Spitze der Götter,
mögest du ergreifen den Bug der mesketet-Barke (Barke des Sonnengottes am Abend und während der Nacht)
und das Heck der maa-nedjet-Barke (Morgenbarke)
für den Ka des Dieners am Ort der Wahrheit, Sennedjem, gerechtfertigt.

Die Querbänder in Süd-Nord-Richtung sind jeweils vom Mittelstreifen aus nach unten zum Gewölbeansatz hin zu lesen. Sie tragen symmetrisch verteilt die Namen verschiedener Götter: am West- und Ostrand der Decke spricht viermal Thot, als *Herr der Gottesworte* oder *Herr von Chemenu* für den gerechtfertigten Osir Sennedjem, im Querband vor der Ostseite wird auch dessen Titel, Diener am Ort der Wahrheit, eingefügt. Im mittleren Querband wird zweimal Anubis angerufen zum Schutz des Verstorbenen, sowie an den vier einzelnen Abschnitten der beiden restlichen Querbänder die vier Kanopengötter, die für den Schutz verschiedener innerer Organe zuständig sind: an der Nordostseite Kebehsenuief, Südostseite Duamutef, Nordwestseite Hapi, Südwestseite Amset (s. Tabelle).

Osten

	Thot	Thot	
	Kebehsenuief	Duamutef	
Norden	Anubis	Anubis	**Süden**
	Hapi	Amset	
	Thot	Thot	

Westen

Die Bildfelder des Deckenzyklus:

1. Bildfeld: Tympanon Ostwand (s. Taf. S. 94)
Im Tympanonfeld der östlichen Stirnwand befindet sich die Sonnenbarke des Re-Harachte-Atum auf ihrer Fahrt in der Unterwelt. Das Heck ist als geöffnete Papyrusdolde ausgebildet, der Bug als ornamental strukturierte Ziermatte, ihre Ränder sind mit schlaufenartigen Formen besetzt, die mit gepunkteten Linien gezeichnet sind (siehe auch die Sonnenbarke des Türsturzes, Taf. S. 56). Obenauf sitzt eine Schwalbe, die die Ewigkeit symbolisiert und die Erscheinung der morgendlichen Sonne ankündigt, es folgt nach links das *schemes*-Symbol, das für das Gefolge des Gottes steht, zusammengestellt aus einer Art Harpune, Seilrolle, einem Messer und einem menschlichen Bein. In der Mitte des Bootes der falkenköpfige Re-Harachte-Atum, der von einer großen, von der Uräusschlange umgebenen Sonnenscheibe bekrönt ist, und der Text: *Worte gesprochen von Re-Harachte-Atum, Herr der Beiden Länder von Heliopolis, Cheper-Re, inmitten seiner Barke.* Der Gott hält auf seinen Knien das *anch*-Zeichen, hinter ihm steht der Buto-Kiosk. Rechts und links vom Boot antithetisch angeordnet die beiden sitzenden Paviane in anbetender Haltung. Vor dem linken Pavian die Beischrift: *Du besänftigst ihn beim Untergehen,* vor dem rechten Pavian: *Re-Harachte anbeten, wenn er aufgeht.*

Südseite

2. Bildfeld: (s. Taf. S. 96)
Die Darstellung ist die Vignette zu Totenbuchspruch 109: Spruch vom Kennen der östlichen Bas. Der Text des Spruches zeigt inhaltliche Bezüge zu den Motiven der Ostwand auf, wird in Spruch 109 doch von der Mitfahrt des Verstorbenen im Sonnenboot des Re-Harachte (Tympanon Ostwand) und auch von den Binsengefilden des Re gesprochen (Hauptfeld Ostwand). Der Lauf der Sonne wird in der Vignette des Bildfeldes weitergeführt: Sie zeigt gleichnishaft das Erscheinen der Sonne am östlichen Horizont. Zwischen den zwei *mefkat*-Sykomoren, den Torhütern am östlichen Tor des Himmels, die der Tote kennen muß, damit sie den Weg frei machen, kommt ein schwarz-weiß geflecktes Kalb hervor. Es ist die neugeborene Sonne, die am östlichen Horizont erscheint (Vers 7: Ich kenne jene beiden Sykomoren aus Türkis, zwischen denen Re hervorgeht). Daß die Süd-

Abb. 21 Pavian vor der Sonnenbarke (Tympanon Ostwand)

ostecke des Raumes für die Darstellung dieser Szene ausgewählt wurde, ist also kein Zufall, hier geht die Sonne tatsächlich auf. Die Vielschichtigkeit der Darstellung zeigt ein weiterer Aspekt: hier wird an Nut erinnert, die Himmelsgöttin in Gestalt einer Kuh; ihr Kind, das Kalb, die neugeborene Sonne, erscheint zwischen dem Symbol der Göttin, der heiligen Sykomore. Das Kalb trägt auf dem Rücken eine Göttergestalt, rot gekleidet und mit blauer Perücke, hierbei könnte es sich um den Morgenstern handeln (Vers 20: Re-Harachte ist es, das Sonnenkalb ist es, der Morgenstern ist es). Über den Wipfeln der Sykomoren, die in ihrer Umrißform die *achet*-Horizont-Hieroglyphe nachbilden, kommt die rote Sonnenscheibe hervor. Daneben hockt nach Westen gewandt der falkenköpfige Re-Harachte-Atum auf der blauen Maat-Hieroglyphe mit der Beischrift: *Worte zu sprechen von Re-Harachte-Atum, Herr der Beiden Länder, der Heliopolitaner.*

3. Bildfeld: (s. Taf. S. 97)
Vignette zu Spruch 112: Spruch, die Bas (Mächte) von Buto zu kennen. Die Beischrift: *Lobpreis an alle Götter der Maat. Lobpreis deinem schönen Gesicht. Mögest du deinen Ka zufriedenstellen jeden Tag, für den Ka des Dieners am Ort der Wahrheit in Theben-West, Sennedjem, gerechtfertigt, der Ehrwürdige, schön in Frieden.* Die Vignette zeigt den Verstorbenen in Anbetungsgestus vor drei Gottheiten, die auf einer blauen Maat-Hieroglyphe nach Osten gewandt hocken. Weder Beischriften noch Embleme deuten ihre Namen an, aus anderen Texten ergibt sich aber,

daß der erste falkenköpfige Gott Horus ist, gefolgt von Amset und Hapi mit Menschenköpfen.

4. Bildfeld: (s. Taf. S. 98)
Vignette zu Spruch 108: Spruch vom Kennen der westlichen Bas (Mächte). Die Beischrift lautet: *Lobpreis an alle Götter der Unterwelt seitens des Osir, des Dieners am Ort der Wahrheit, Sennedjem, gerechtfertigt.* Der weitere Lauf der Sonne wird aufgenommen, die sich nun im Westen dem Sonnenuntergang nähert. Die Vignette bildet den Verstorbenen im Anbetungsgestus vor zwei westlichen Göttern stehend ab. Die beiden Götter, der erste mit schwarz-weiß geflecktem Hundekopf, der zweite mit Menschenkopf, hocken auf einer Maat-Hieroglyphe. Dahinter werden zwei abgetrennte Bildfelder übereinandergestellt. Im oberen rotgrundigen Feld hockt unter der Himmel-Hieroglyphe eine Gottheit, im unteren weißgrundigen Feld windet sich eine Schlange über der Horizont-Hieroglyphe. Es ist die den Sonnenlauf bedrohende Apophis-Schlange, die bestraft werden muß.

5. Bildfeld: (s. Taf. S. 99)
Vignette zu Spruch 116: Ein anderer Spruch, die Bas (Mächte) von Hermopolis zu kennen. Sennedjem steht im Anbetungsgestus vor drei auf Maat-Hieroglyphen hockenden Gottheiten: Thot (ibisköpfig), Sia (menschenköpfig) und Atum (menschenköpfig mit Doppelkrone). Die Beischrift: *Lobpreis an Thot, Herr von Hermopolis, der Maat-Schreiber der Neunheit. Für den Ka des Osir, des Dieners am Ort der Wahrheit, Sennedjem, gerechtfertigt.* Auch die Anordnung des Atum am westlichen Rand der Südseite findet ihre Entsprechung im Sonnenlauf, Atum ist die Personifikation der Abendsonne.

6. Bildfeld: Tympanon Westwand (s. Taf. S. 95)
Im Tympanon ein symmetrischer Aufbau von magischen Schutz- und Ewigkeitssymbolen, das senkrechte Zentrum bildet eine Zusammenstellung von *schen*-Ring – darunter drei *nun*-Wasserlinien –, einem *usech*-Gefäß und einer Kanope auf weißem Opfertisch, von zwei sich kreuzenden Lotosstengeln geschmückt. Antithetisch angeordnet sind oben zwei *udjat*-Augen und darunter zwei lapisblaue Anubis-Schakale, um den Hals eine rote Schleife, auf dem Rücken eine Geißel, sie liegen auf einer Grabarchitektur. Die beiden Schakale entsprechen den Ruti-Löwen des Einganges und sind ebenfalls als Wächter der Türen des Westens (und des Ostens) zu verstehen, sie nehmen auch dieselbe Position im Sonnenzyklus ein, die Beendigung des Laufs der Sonne bei Tage, das Ruhen der Sonne im Westen.

Nordseite

7. Bildfeld: (s. Taf. S. 100 und 101)
Vignette zu Spruch 68: Spruch, hervorzugehen am Tage. Die ersten Verse lauten: Geöffnet sind mir die Türflügel des Himmels, geöffnet sind mir die Türflügel der Erde. Die Unterbringung der Vignette in der Nordwestecke des Grabes ist sinnfällig, es ist die Öffnung im Westen. Die Beischrift: *Seitens des Dieners am Ort der Wahrheit, Sennedjem, gerechtfertigt.* Sennedjem steht nach Westen gewandt. Beide Hände legt er an den rechten Flügel des Tores, eigentlich handelt es sich um zwei Türen, denn die Türangeln der beiden Flügel sind im Zentrum angeordnet. Die beiden Türflügel symbolisieren so gleichzeitig das Tor des Ostens und Westens, durch das die Sonne unter- und aufgeht. Diese Türe ist eingeschlossen oben von der Himmel-, unten von der Horizont-Hieroglyphe, die wiederum den östlichen und westlichen Horizont beinhaltet.

8. Bildfeld: (s. Taf. S. 102 und 103)
Vignette zu Spruch 100: Buch, einen Verstorbenen zu vervollkommnen und ihn hinabsteigen zu lassen zur Barke des Re mit denen, die in seinem Gefolge sind. Bug und Heck der von Westen nach Osten auf einem blauen Wasserstreifen fahrenden Sonnenbarke bei Nacht sind ausgeformt als geöffnete Papyrusdolden, der Schiffsrumpf trägt vorne und hinten ein *udjat*-Auge. Die Steuerruder sind am Heck im Westen befestigt. In der Barke befinden sich mehrere Gottheiten, Beischriften nennen ihre Namen, vorne: *Es ist der Benu des Re*, der Reiher trägt die *atef*-Krone, er ist zu verstehen als Seele des Re; es folgt der falkenköpfige *Re-Harachte-Atum, Herr der Beiden Länder, der Heliopolitaner*, schließlich repräsentieren fünf eng gestaffelte Gottheiten nebeneinander *Die große Neunheit, in der wja-Barke des Re befindlich.* Der Verstorbene hofft, darin seinen Platz einnehmen zu dürfen.

9. Bildfeld: (s. Taf. S. 104 und 105)
Vignette zu Spruch 135: Ein anderer Spruch, der gesprochen wird, wenn der Mond am ersten Tag des Monats (gesehen wird und) sich verjüngt hat. Sennedjem und Iineferti stehen in Anbetungsgestus nach Westen ge-

Abb. 22 Götter (3. Bildfeld, Decke)

wandt vor fünf menschenköpfigen Gottheiten, die Beischrift über ihnen lautet: *Lobpreis an alle Götter des Himmels für den Ka des Dieners am Ort der Wahrheit, Sennedjem, gerechtfertigt, seine Schwester, die Herrin des Hauses, Iineferti, gerechtfertigt.* Die Götter sind verschiedenfarbig dargestellt, sie hocken vor blauem Hintergrund auf einer Maat-Hieroglyphe. Über den Göttergestalten repräsentieren sieben gelbe Sterne und die rote Scheibe des Mondes, gleichbedeutend auch der Sonne, den nächtlichen Himmel.

10. Bildfeld: (s. Taf. S. 106 und 107)
Vignette zu Spruch 59: Spruch, Luft zu atmen und über Wasser zu verfügen im Totenreich. Der Inhalt des Verses 1 wird hier bildlich umgesetzt: Oh jene Sykomore der Nut, gib mir doch von dem Wasser und der Luft, die in dir sind. Sennedjem und Iineferti knien vor der Baumgöttin Nut, die am rechten Bildrand aus dem Stamm einer Sykomore mit reifen Feigentrauben erwächst. Sie versorgt die Verstorbenen, indem sie ihnen eine Matte mit Broten, Früchten und Blumen reicht und mit der rechten Hand aus einer *hes*-Vase Wasser in die Hände der Verstorbenen gießt. Die Beischrift am Baum: *Große Nut,* die Beischrift über den Verstorbenen: *für den Ka des Osir, des Dieners am Ort der Wahrheit, Sennedjem, gerechtfertigt, seine Schwester, Herrin des Hauses, Iineferti, gerechtfertigt.* Die beiden Verstorbenen knien in festlichen Gewändern auf einem Sockel, der das Grab symbolisiert, der weiße Bau hat im Zentrum eine Türe und wird von einer gestreiften Hohlkehle abgeschlossen.

STILISTISCHE KRITERIEN

In mehrfacher Hinsicht erweist sich das Grab des Sennedjem als ganz charakteristische Anlage für die Arbeiter- und Künstlergräber von Deir el Medineh, darüber hinaus aber auch allgemein für die Privatgräber der frühen Ramessidenzeit. So ist neben ihren relativ kleinen Ausmaßen schon die spezifische Ausformung der Architektur des Grabes mit seiner Gliederung in einen oberirdischen begehbaren und einen unterirdischen, dem Verstorbenen vorbehaltenen Bereich ein Paradebeispiel für Deir el Medineh. Die unterirdische Grabkammer ist in dieser Nekropole bemalt, ebenso wie die Kapellen im oberirdischen Teil der Anlage. Die als Pyramiden ausgeformten Kapellen und der offene Hof betonen einen wichtigen Aspekt: die Einbeziehung der Sonne, wobei die Pyramide als Mittler und Verbindungsglied zwischen Himmel und Erde gedacht ist. Alle Teile der Anlage orientieren sich nach den Himmelsrichtungen, die wesentlichste ist die Ost-West-Achse, die den Diesseits-Jenseits-Bezug, verbunden mit dem Sonnenaufgang und -untergang, am anschaulichsten ausdrückt.

Themenwahl

Auffällig in der Grabkammer ist die Auswahl der Themen. Im Gegensatz zu den früheren Gräbern der 18. Dynastie haben sich die Inhalte völlig geändert, religiöse Thematiken haben nun alle anderen Motive ersetzt. Keines der früheren aus dem Alltagsleben der Verstorbenen übernommenen Motive ist hier anzutreffen, wir finden keine Darstellungen, die den Verstorbenen bei seiner Amts- oder Berufsausübung zeigen, es werden keine irdischen Besitztümer etc. abgebildet, es fehlen die Jagddarstellungen im Papyrusdickicht oder in der Wüste. Die an die altbekannten Szenen der Feldarbeit erinnernden Bilder der Ostwand im Grab des Sennedjem sind nun ein Bestandteil des *iaru*-Gefildes, des Paradieses, in dem sich der gerechtfertigte Verstorbene aufhalten darf und wo für seine Nahrung gesorgt wird. Die einzigen Szenen, die nun noch private Bezüge aufweisen, sind auf der Eingangstüre und in der Festmahlszene der Südwand zu finden mit der Darstellung und Nennung der Familienmitglieder. Aber auch dieses Mahl ist eng mit dem Totenkult verbunden, es ist kein großes Fest mit Musik, Tanz und reichen Speisen, sondern eher eine ernste und würdige Feier. Keine weiteren Szenen im Grab des Sennedjem, auch keine Texte, erinnern an seine Person oder sein Amt. Alle Themen haben nun unmittelbar mit den Vorgängen bei der Bestattung, mit dem Totenkult, den einzelnen Stationen des Verstorbenen auf dem Weg ins Jenseits, etwa dem Totengericht oder dem Durchschreiten der Tore der Unterwelt, zu tun, es wird die Versorgung des Verstorbenen und sein Aufenthalt bei den Göttern abgebildet. Bilder wie Texte haben Jenseitsvorstellungen zum Inhalt, sie sind vornehmlich dem Totenbuch entnommen, in dessen Sprüchen und Vignetten sich der Wunsch des Verstorbenen ausdrückt, in das Reich des Osiris zu gelangen, sich mit den Göttern zu vereinigen und die zyklische Fahrt des Sonnengottes bei Tag und Nacht begleiten zu dürfen und sich damit die ewige Wiederkehr zu sichern. Die Umsetzung dieser mystischen Inhalte ins Bildhafte ergibt oft unwirkliche und schwer zugängliche Motive. Dies mag manchen dazu verleiten, die Stimmung dieser Grabmalerei als trübe und ernst abzutun, gerade im Vergleich mit den Motiven der thebanischen Privatgräber der späten 18. Dynastie, die Liebenswürdigkeit, Heiterkeit und Lebensfreude ausstrahlen.
Für den Verstorbenen sind diese Inhalte von ausschlaggebender Wichtigkeit für sein Leben nach dem Tode, denn Bild wie Text sind magisch wirksam. Durch die Darstellung wird in gewissem Sinne alles, was sich der Verstorbene vom Leben nach dem Tode erhofft, seine Versorgung, sein Umgang mit den Göttern, seine Einbindung in den Sonnenzyklus, sein Eintreten und Wiederherauskommen aus dem Grab, zur Realität. Bild und Text stellen also eine Absicherung des Toten dar, so z. B. in der Speisung des Verstorbenen durch die Baumgöttin, die ihn von irdischen Spenden unabhängig macht. So ist das Grab nicht nur eine letzte Ruhestätte für den Leichnam, sondern sichert durch seine Architektur, sein Bild- und Textprogramm an den Wänden, schließlich auch durch die Grabbeigaben das ewige Leben des Verstorbenen im Jenseits und ermöglicht ihm seine Wiederkehr.

Abb. 23 Sennedjem und Iineferti in der Festmahlszene (Südwand)

Themenverteilung und Komposition

Die Raumachsen

Für alle Bestandteile des Anlagenkomplexes bildet die Grundlage der Komposition die konsequente Ausrichtung nach den Himmelsrichtungen, mehr noch, der gesamte Kosmos wird einbezogen, das Diesseits und Jenseits, Himmel und Erde, das Oben und Unten. Ein wichtiger Sinnträger und die am deutlichsten hervortretende Orientierungslinie bei der Verteilung der Bildthemen ist die Ost-West-Achse, damit der Bezug Diesseits-Jenseits und Sonnenaufgang und -untergang. Entsprechend werden Norden und Süden eingesetzt als Stationen des Sonnenlaufs. Die Sonnenlaufbahn wird dreimal im unterirdischen Bereich der Anlage repräsentiert, die erste, knappste Variante auf der Rahmung der Eingangstüre durch symbolische Darstellungen und Nennungen der zugehörigen Gottheiten, so werden im Osten die Gebete an den Sonnengott Re-Harachte, im Westen an Osiris, Anubis, Hathor und Ptah, die Jenseitsgötter, gerichtet; der Türsturz zeigt die Fahrt der Sonnenbarke von Ost nach West, verbunden mit Wiedergeburtssymbolen (s. Taf. S. 56). In den drei Bildfeldern des Eingangs wird die zweite Variante des Sonnenzyklus aufgenommen, und schließlich ergibt sich in den zehn Bildfeldern der Decke und der Tympanonfelder der dritte und am umfangreichsten ausgearbeitete Sonnenzyklus (s. Abb. 20). Auf der Südseite der Lauf der Sonne bei Tage, vom Aufgang im Osten bis Untergang im Westen, auf der Nordwand entsprechend der nächtliche Teil mit Öffnen der Pforte im Westen, nächtlicher Fahrt, Sternenhimmel und Erreichen des Zielpunktes, um schließlich im Tympanon der Ostwand den erneuten Sonnenaufgang anzukündigen.
Auch im Detail werden die Bewegungen einzelner Figuren nach den Himmelsrichtungen ausgerichtet, die Götter des Jenseits, des Westens, sitzen oder stehen im Westen, nach Osten blickend, die Verstorbenen oder ihre Verwandten gehen von Osten nach Westen auf diese zu (s. Abb. 20); so sind auch, um ein weiteres Beispiel zu nennen, die in den weißen Textstreifen der Decke angerufenen Kanopengötter nach den ihnen zustehenden Himmelsrichtungen geordnet.
Neben den Himmelsrichtungen spielt die Achse Oben-Unten eine Rolle. Das einzige Bildmotiv im Grab des Sennedjem mit irdischem Bezug, obwohl auch ein Bestandteil des Totenkultes, ist das Festmahl mit den Verwandten; es ist bezeichnenderweise im unteren Register angebracht (s. Taf. S. 68 und 88), an den übrigen Wandflächen dagegen die Stationen auf dem Weg ins Reich des Osiris und das Erreichen dieses Zieles. Die gewölbte Decke der Grabkammer und die auf gleicher Höhe liegenden beiden Tympanonfelder der Ost- und Westwand nehmen Motive auf, die den Toten bei den Göttern und seine Beteiligung am Sonnenzyklus zeigen, die somit eher der himmlischen Sphäre angehören. Auch der Sonnenzyklus des Eingangsbereichs ist bezeichnenderweise an der Decke und im oberen Wanddrittel angeordnet (s. Taf. S. 62). Das Oben und Unten im Raum drückt die Zuordnung des Motivs zum himmlischen oder irdischen Bereich aus.
Noch ein weiterer Gedanke ist in diesem komplexen Kompositionsgefüge berücksichtigt: das Grab als Sarkophag des Verstorbenen. Den magisch schützenden Mumienbändern entsprechen die weißen Hieroglyphenstreifen der Decke. Die Textstreifen des Wölbungsansatzes werden optisch auch an Ost- und Westwand weitergeführt in den beiden weißen Gräberfassaden, auf denen die Anubis-Schakale liegen, und im oberen hellblauen Wasserstreifen des *iaru*-Gefildes.
In schöner Entsprechung zum unteren Wandabschluß in Form eines rot-gelben Bandes wird die Decke von der senkrechten Wand ebenfalls durch ein zweifarbiges Band abgesetzt, das aus den weißen Inschriftenbändern und den blauen Maat-Hieroglyphen besteht, die in fast jedem Deckenfeld unten angeordnet sind. Diese klaren Gliederungsmaßnahmen fassen die Fülle der massiv wirkenden Einzelbilder in einen strengen Rahmen und schaffen damit Ruhe.

Abfolge der Szenen

Das Zusammenfügen einzelner Szenen zu einer Einheit und gleichzeitig ihre klare Abgrenzung gegeneinander sind ein kompositorisches Grundmotiv im Grab des Sennedjem. Wie schon angemerkt, wird der Sonnenzyklus, entsprechend nach Himmelsrichtungen angeordnet, auf drei verschiedenen architektonischen Teilen der unterirdischen Anlage jeweils in sich geschlossen und variiert abgebildet. Ebenso verhält es sich mit anderen Themengruppen, auch der Jenseitsweg wird im *senet*-Spiel des Türblattes in auf eine Vignette verkürzter Form angedeutet, in der Grabkammer dagegen ausführlich geschildert. Die Versorgung des Verstorbenen wird in der Grabkammer mehrfach aufgegriffen, im Eingang wieder in der Szene des *senet*-Spiels angesprochen, in der Türrahmung außen durch Opferformeln. Das Motiv des Hinein- und wieder Herausgehens im Grab wird im Text des Türsturzes außen, im Eingang am Türblatt und in der Grabkammer über dem Eingang an der Südwand aufgenommen. Türrahmung außen, Eingang und Grabkammer tragen also jedes für sich das kultisch erforderliche Programm in schrittweise erweitertem Umfang. Gleichzeitig werden die einzelnen Zyklen oder Motive mit den anderen des Grabes verbunden, so wird zum Beispiel der Eingangsbereich zwar thematisch von der eigentlichen Grabkammer getrennt mit seinem programmatischen Beginn, der Erläuterung der Grabfunktion, und einer ersten in sich abgeschlossenen Wiedergabe des Sonnenlaufes, gleichzeitig versteht es der Maler des Grabes aber sehr geschickt, inhaltlich eine Verbindung mit dem Bilder- und Textzyklus der Grabkammer herzustellen, indem der Totenbuchspruch des Eingangs weitergeführt wird und der Sonnenzyklus in der Grabkammer variiert wiederholt wird.

Wir haben also vor uns in sich geschlossene Einzelszenen in ihrem eigenen Bildfeld, die meist einer Vignette entsprechen, ihre Abfolge und ihre Anordnung im Raum ergibt aber Bildsequenzen und fortlaufende Reihen, die die Stationen des Verstorbenen auf dem Weg ins Jenseits mit dem Sonnenzyklus verschränken. Auch im kleinen wird das Grundmotiv der Komposition durchgehalten: die Raumecken werden überspielt, indem Text oder Teile von Motiven über die Ecken weitergeführt werden. An der Westwand wird die Darstellung der Iineferti mit dem linken Perückenrand und dem unteren Ende des Umhanges auf die Südwand gezogen, der Text auf der rechten Seite über das nördliche Eck fortgeschrieben. So werden die Wände miteinander verbunden, das Ganze und die Einheit betont, der Zyklusgedanke verstärkt. Die Bilderfolge hat eine durch den Maler vorgegebene Lesrichtung, sie betrachtend muß man die Reihe der Szenen abschreiten, den Weg nachvollziehen. Dadurch erhält die Gesamtkomposition des Raumes Bewegung, das Gegenteil eines statischen Bildes ist erzielt. Mit ein Grund für die einheitliche Wirkung des Grabes mag sein, daß hier im Vergleich mit anderen zeitgleichen Gräbern in Deir el Medineh das Bild dem Text vorgezogen wird zugunsten einer intensiveren Bildwirkung und eines geschlossenen Zusammenhangs der Bildfolge.

Die Anordnung der Bildfolgen nach Raumachsen, besser nach dem Ordnungssystem des Kosmos, stellt das Grundkonzept dar. Die einzelnen Wände sind dann aber im Detail ganz unterschiedlich komponiert, sie nehmen eine, zwei oder drei Szenen auf, die jedoch jeweils zu einem Bild geschlossen werden. Die Wände werden differenziert gegliedert (s. Abb. 17), wir finden mehrere Szenen in einem Register (Nordwand), Teilung der Wand in zwei Register und drei Szenen (Südwand) oder auch die Unterteilung einer Szene in fünf Register (Ostwand). Innerhalb der fortlaufenden Bildreihe werden einzelne Szenen hervorgehoben und haben Wände ihren eigenen optischen Schwerpunkt, zum Beispiel durch weißen Hintergrund, besondere Größe, Stellung im Wandformat, Rahmung durch Bänder oder Text. Beim Eintreten wird man konfrontiert mit der großen Darstellung des Osiris an der Nordwand. Osiris, dem Herrn des Jenseits, wird damit eine seiner Bedeutung entsprechende, auffallend große Fläche zugestanden und ein optimaler Platz für seine Abbildung gewählt, der Eintretende steht ihm unmittelbar gegenüber (s. Abb. 14). Ein weiteres Beispiel für gezielte Kompositionen: Bei der Festmahlszene (s. Taf. S. 68 und 88) werden wichtige Hilfsmittel eingesetzt, um bestimmte Personen oder Gruppen zu betonen, etwa durch Variation des Abstands zu anderen Figuren, durch Zäsurbildungen durch eine opfernde Person, die in Gegenrichtung eingefügt wird. Im Kontrast zur schlichten und klaren Reihung der Szenen vor den Göttern werden in dieser Festmahlszene Überschneidungen, Staffelungen und verschiedene Gruppenbildungen, Einstreuungen von kleinen Motiven, wie etwa der Kinder, vorgenommen, das Inhaltliche hat also Konsequenzen für die Komposition.

Auch wenn in den Anlagen von Deir el Medineh vor allem die Vignetten des Totenbuches als Bildmotive verwendet werden, so ist es doch erstaunlich, daß diese scheinbar festgelegten Motive in jedem Grab Variationen erfahren, immer wieder neu zusammengestellt und komponiert werden, manche Szenen auch eigens für nur ein Grab entwickelt werden. Eine solche ganz eigenständige Lösung stellt im Grab des Sennedjem die Szene der Anbetung der Sonnenbarke durch die Paviane auf dem Tympanon der Ostwand dar (s. Taf. S. 94). Ganz einmalig ist in diesem Grab auch die Komposition der Binsengefilde der Seligen auf der Ostwand, sie sind als Inseln angelegt, abgetrennt von Wasserläufen, ein allmählicher Übergang vom Irdischen ins Himmlische ergibt sich von Bildstreifen zu Bildstreifen von unten her (s. Taf. S. 80).

Abb. 24 Die Göttin Isis als Falkenweibchen (Südwand)

Farbkomposition

Die trotz kleiner Beeinträchtigungen insgesamt sehr gut erhaltene Malerei fällt durch ihre frische Farbwirkung auf. Die Grundfarbe ist ein kräftiges Goldocker, einige größere Felder erhalten einen weißen Hintergrund, was optisch prägnante Zeichen setzt und damit meist wichtige Bildinhalte und Flächen hervorhebt; insofern ist das Grab des Sennedjem ein ganz typisches Beispiel für die Farbhaltung der ramessidischen Privatgräber von Theben. Das dominante helle Ocker ist ein Ersatz für Gold und steht als Symbol für die Strahlen der Sonne, für die Ewigkeit. Gelb und Weiß sind in großen und kleinen Flächen in rhythmischen Gefügen verteilt. So werden gezielt die großen gelben Hintergrundsflächen unterbrochen von der weißen Kleidung der Dargestellten, weißen Hintergrundsflächen mancher Motive oder den weißen Bändern an der Decke. Ganz ausgezeichnet versteht es der Maler, die Farbflächen interessant zu verteilen und das Hell-Dunkel auszubalancieren. Die dunklen Flächen sind in relativ kleiner Quantität durch Perücken, Stühle, blaue Maat-Hieroglyphen etc. eingestreut. Zunehmend werden dann auf der Decke Blautöne auch in größeren und auffallenden Flächen eingebracht, dies ergibt eine fast fensterartige Wirkung, die den Himmel in das unterirdische Grab bringt. Gesteigert wird dieser Eindruck durch die vielen in Blau gehaltenen Perücken der Götter in den Bildfeldern der Decke. Im östlichen Teil der Grabkammer konzentrieren sich die Blau- und Grüntöne, vor allem im *iaru*-Gefilde, dann aber auch links und rechts vom Tympanon der Ostwand mit dem großen blauen Baum der Nut und den beiden Sykomoren, zwischen denen das Kalb hervortritt. Den entsprechenden Gegenpol bildet die Westwand mit mengenmäßig überwiegenden gelben und roten Farben. Im Bereich der Rottöne und der Blau- und Grüntöne arbeitet der Maler mit vielen Differenzierungen und Abstufungen.

Malweise

Auf die schwach grau getönte Tünche, die den Malgrund abschließt, wurde in groben Zügen vorgezeichnet. Dann wurden in großflächiger Malweise der gelbe oder weiße Hintergrund und zum Teil gleichzeitig auch die großen Figuren angelegt und die Malschicht geschlossen, darauf dann alle kleineren Flächen und Linien gesetzt. Im Gegensatz zu anderen Gräbern wurde hier der Umriß der Figuren nicht durch Übermalen mit Hintergrundsfarben korrigiert, die Figuren wurden direkt und ohne irgendwelche Verbesserungen auf der Tünche, kleinere Flächen auch auf der Hintergrundsfarbe aufgebaut. Die Arbeitsschritte wurden nicht schematisch nacheinander, sondern auch abwechselnd vollzogen, wie Überschneidungen der Farbflächen zeigen. Der in einem dunkleren Rot- oder Braunton gehaltene Umriß wurde dann mit einer skizzenhaften, spontanen und ausdrucksstarken Linie gezogen, der Rand der Farbfläche und die Kontur decken sich nicht immer genau (s. Taf. S. 105). Sensibel wird die Linienstärke variiert nach der Größe der zu bearbeitenden Fläche, die Binnenzeichnung bleibt auch immer feiner als die äußere Kontur, um die Form zu festigen und sie nicht zu zergliedern, das Plissee der Schurze und Kleider zeigt dies ganz ausgezeichnet (s. Abb. 23). Zur Erzielung von Grün- und Blauvariationen wurden verschiedene Techniken eingesetzt, deckende Malweise für dunkle Töne, Türkis und Hellblau durch Lasur mit verdünnter Farbe auf gelbem oder weißem Grund.

Der Künstler besitzt ein umfangreiches Repertoire an unterschiedlichen Ausdrucksmöglichkeiten, leicht überwiegen die graphischen Mittel, die glatte Fläche und die Kontur, sparsam eingesetzt werden Binnenzeichnung, die Strukturierung von Flächen und malerische Effekte, auch dies ist ein ganz zeittypischer Zug der frühen 19. Dynastie. Routiniert spielt der Maler mit seinen Mitteln, er setzt regelmäßig gemusterte Felder und Flächen mit dekorativen Elementen ein (Baldachin, Südwand, s.Taf. S. 68, oder Uräenfries des Götterschreins, Westwand, s. Taf. S. 72), löst eine Struktur in freie graphische Muster auf (Federkleid der Isis und Nephthys, Südwand, s. Abb. 24), gibt eine andere Struktur in malerischer Form wieder, duftig und aquarellartig (Laub der Bäume, Decke, s. Abb. 25), er setzt glatte Flächen ein, offene und geschlossene Kontur. Die Materie wird gekennzeichnet durch Farbigkeit und Strukturierung (z. B. Berg, Wasser), Flächen werden aufgelöst in lebendiger Pinselführung (Horizont-Hieroglyphe, Decke, s. Taf. S. 98). Es werden Farbschattierungen und nahtlose Übergänge vom Hellen ins Dunkle eingesetzt (Schlange, Decke, s. Taf. S. 98). Besondere Sicherheit spricht aus der Linienführung, die der Maler sehr differenziert einzusetzen weiß, man beachte das Lockengeriesel der Perücken, das glatte oder wellige Plissee der Kleidung, die feinen Blättchen an den Papyrusstengeln. Den variablen Strich des Malers demonstriert das Bild der Iineferti von der Westwand; eine doppelte Kontur am Profil, einmal in breitem Strich in hellem Rotbraun, darauf in dünner dunkelbrauner Linie, wirkt fast wie eine Schattierung und macht das Gesicht sehr lebendig (s. Taf. S. 73). Jeder Strich sitzt, manche Details wirken wie schnell aufskizziert, und ist dann bei einer der kleinen Figuren der Körperumriß nicht nach gängigem Kanon proportioniert, so sieht sich der Maler keineswegs zu kleinlichen Korrekturen veranlaßt. Aus der Malerei spricht nicht zuletzt die Schnelligkeit der Herstellung, was nun nicht als Flüchtigkeit oder gar Nachlässigkeit mißverstanden werden sollte.

Abb. 25 Die mefkat-*Sykomoren (2. Bildfeld, Decke)*

Im selben Stil sind auch die Texte hingesetzt, die Schrift ist flott und locker, eine zügige Handschrift, die offensichtlich ohne jede Vorzeichnung oder wenigstens Aufteilung des zur Verfügung stehenden Platzes auskommt. Großzügig überschneidet sich dann auch einmal die vertikale Begrenzungslinie einer Zeile mit dem Bildmotiv (2. Bildfeld, Decke, s. Taf. S. 96).

Trotz aller Strenge des Grundmotivs Totenbuch werden schön beobachtete Momente eingestreut, z. B. an der Ostwand im 1. Register die kleine Figur des Rahotep in seinem Nachen, der sich, während er rudert, umdreht nach seinen Eltern (s. Umschlag hinten). Ein anderes Beispiel für die Beobachtungsgabe des Malers sind die

Handbewegungen der Personen an dieser Wand bei den verschiedenen Tätigkeiten, etwa die Drehung beim Absicheln des Getreides, das Zupacken beim Niederdrücken des Pfluges oder das Getreidesäen der Iineferti (s. Taf. S. 84–86).

Ikonographische Details

Während die Götter in streng traditioneller Kleidung abgebildet sind, tragen der Grabbesitzer und seine Verwandten Gewänder, die in ihrer spezifischen Form ganz typisch für die 19. Dynastie sind. Drei modische Schurzvarianten sind zu beobachten, sie sind alle fein plissiert, unter dem Bauchnabel geknotet, aber weit in den Rücken hinaufgezogen, so daß sich im Profil ein elegant geschwungener, schräg abfallender oberer Rand ergibt (s. Abb. 26). Die aufwendigste Form (9. Bildfeld, Decke, s. Taf. S. 104): Der Schurz ist vorne am Knoten beidseitig bogenförmig gerafft, über dem Knie kurz geschürzt, aber auf der Rückseite wadenlang, zwei Enden des Tuches hängen vom Knoten herab, das Mittelteil bildet

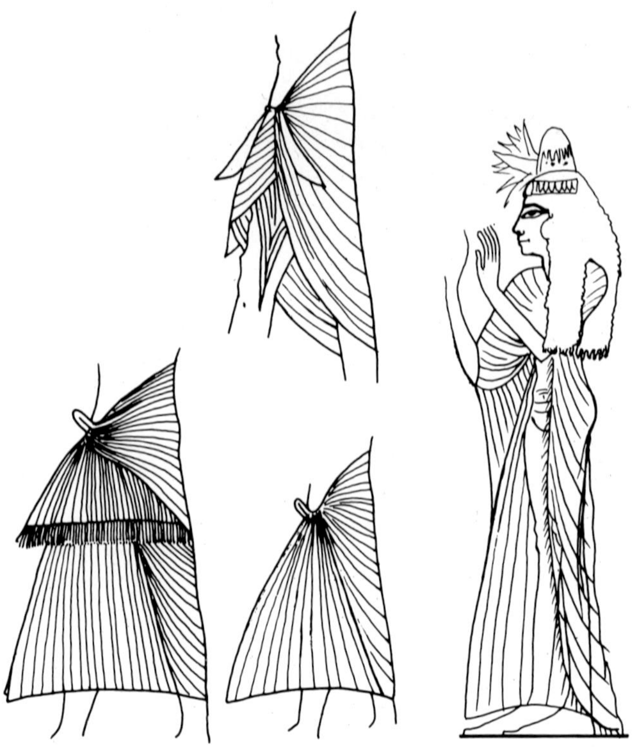

Abb. 26 Kleid und Schurzvarianten

ein langgezogenes Dreieck. Einfacher ist der Schurz gewickelt, der im 4. Bildfeld der Decke zu sehen ist (s. Taf. S. 98): er ist wadenlang, ein trapezförmiger Überwurf ist vorne angebracht, das Plissee läuft von der Knotung, die mit einer kleinen Schlaufe versehen ist, radial aus. Eine etwas reichere Variante des vorherigen Schurzes trägt Sennedjem an der Nordwand vor Osiris (s. Taf. S. 79): über den trapezförmigen Vorbau wird noch einmal ein kurzer gleichgeformter Überwurf gelegt, dessen unterer Rand gefranst ist. Dies ist auch die einzige Darstellung des Sennedjem im gesamten Grab, in der er Schmuck trägt, einen mehrreihigen Halskragen aus weißen, türkisen und roten Perlen. Viele der im Grab dargestellten Männer tragen den kurzen Kinnbart, alle eine schulterlange Perücke, die manchmal unten waagerecht gerade geschnitten ist, manchmal nach vorne etwas heruntergezogen wird, so daß sie die Rundung der Schulter nachformt. Die Perücken enden unten abgerundet oder in einem rechten Winkel, meist ist das Ohr bedeckt, kurze Löckchensträhnen fallen in die Stirn und bilden den vorderen und unteren Rand der Perücke.
Iineferti und die weiblichen Verwandten tragen in allen Darstellungen dieselbe Kleidung, ein weites, plissiertes, knöchellanges Kleid aus leicht transparentem Material, das ihre Körperkonturen durchscheinen läßt, darüber ein wohl vor der Brust verknoteter, bis zum Boden reichender Umhang aus demselben Stoff, der Schultern und Arme bis zu den Ellbogen bedeckt, eine Längsseite des langen Schals ist mit Fransen besetzt. Die Frauen tragen keinen Schmuck außer großen scheiben- oder ringförmigen Ohrringen. Ihre bis zum Ellbogen reichenden Perücken bestehen ausnahmslos aus feinen Löckchensträhnen oder Zöpfchen. Kleine Differenzierungen werden in die Abbildungen eingestreut, dreiteilige und einteilige Perücken werden unterschieden, am vorderen Rand kürzere Strähnchen eingefügt oder eine Welle vor dem Ohr ausgeformt.
Männer wie Frauen tragen in den meisten Darstellungen auf den Perücken ein mehrfarbiges Blüten-Stirnband, das auf der Rückseite verknotet wird, und einen hohen Salbkegel, die Frauen zusätzlich eine nach vorne gerichtete blaue Lotosblume, Iineferti hat an der Westwand noch eine rote Mohnknospe dazugefügt (s. Taf. S. 73).
Nur auf der Eingangstüre ist auf der Kleidung der Dargestellten der in den thebanischen Gräbern seit Thutmosis IV. so oft zu beobachtende rot-orange Farbverlauf zu sehen (s. Taf. S. 57). Auffällig in diesem Grab ist auch, daß an den Wänden bei den Darstellungen von Männern

wie Frauen kaum Schmuck vorkommt, die Verstorbenen auf ihren in der Grabkammer gefundenen Sarkophagen dagegen reich geschmückt dargestellt werden, mit Armreifen und breiten Halskragen, Fingerringen, Stirnbändern und Ohrringen (s. Abb. 28). Man kann sich eigentlich nur religiöse Aspekte als Begründung für das Fehlen von Schmuck in der Wandmalerei dieses Grabes vorstellen.
Auf die frühe 19. Dynastie weisen noch weitere kleine ikonographische Details hin, wie zum Beispiel die Einzeichnung von Falten an Hals oder Bauch der Dargestellten. An die Darstellungen des Königs Sethos I. erinnern die typischen Profile von Sennedjem und Iineferti von der Westwand, die sehr feine, leicht gebogene Nase, die ausdrucksstark geschwungenen Augenlider mit langgezogenem, kräftigem Lidstrich, das kaum angedeutete Doppelkinn, und, ganz typisch auch für den Maler dieses Grabes, am Mundwinkel wird ein kleiner, aber betonter Abstrich angebracht, der den Eindruck eines leichten Lächelns hervorruft (s. Taf. S. 73). Die Figuren sind schlank und gut proportioniert und haben einen eher weich gerundeten Körperumriß.

Abb. 27 Detail aus dem Sargschlitten des Sennedjem, der Verstorbene kniend und in Ba-Vogelgestalt mit seiner Gemahlin Iineferti (Kairo Museum Nr. JE 27301)

Der Künstler

Im Vergleich mit der Malerei der Privatgräber der 18. Dynastie wird die der Ramessidenzeit häufig verkannt. Die Motive haben nun nicht mehr die Gefälligkeit der oft profan wirkenden früheren Szenen, sie sind zum Teil schwer zugänglich, die Pinselführung besitzt nicht die Delikatesse und Raffinesse der späten 18. Dynastie. Themenwahl und alle anderen stilistischen Kriterien sind Ausdruck einer neuen Geisteshaltung und religiösen Einstellung, die sich in einer ernsthaften und im positiven Sinn frommen Stimmung ausprägt. Dieses kleine Grab stellt ein unerhört komplexes Gefüge von bildhaft umgesetzten Jenseitsvorstellungen dar, umgesetzt in Texte und symbolische Motive, in Kompositionsformen, in Farben und seine eigene malerische Ausdrucksweise. Die Leistung des Malers ist wirklich meisterlich zu nennen, er hat es geschafft, auf den wenigen zur Verfügung stehenden Quadratmetern die vielschichtigen Gedanken von den kultischen Erfordernissen eines Grabes und den Jenseitsvorstellungen überzeugend zu einer einheitlichen Bildfolge zu gestalten. Nichts in diesen vielfältig verflochtenen Strukturen scheint dem Zufall überlassen, jedes Detail hat seinen wohlüberlegten Platz gefunden, und doch spricht aus den Malereien eine ungemeine Spontaneität und Leichtigkeit, die auch beweist, wie tief verwurzelt der Maler des Grabes in dieser komplizierten Gedankenwelt sein mußte.

Eigentlich ist es müßig, Spekulationen über die Person des Künstlers anzustellen, der diese Malereien schuf, da nicht einmal gewiß ist, ob der Besitzer des Grabes oder einer seiner Familienangehörigen selbst Hand anlegte bei der Ausgestaltung seines Grabes. Einiges spricht dafür, daß der Sohn Chonsu sie schuf, der wahrscheinlich aufgrund seiner besonderen Leistungen zu einem Vorsteher der Arbeiter avancierte. Chonsu selbst besitzt kein Grab, sondern nur die bemalte Kapelle im Hof des Vaters. Die Malereien seines Sarkophages weisen sehr starke prinzipielle Übereinstimmungen mit denen des Grabes auf, auch wenn sie in manchem Detail sorgfältiger und weiter entwickelt scheinen. So kann zumindest vermutet werden, daß es sich beim Maler des Grabes des Sennedjem, bestimmt auch des Sargschlittens des Sennedjem (s. Abb. 27 und Taf. S. 110) und wahrscheinlich des Sargschlittens des Chonsu um ein und dieselbe Person handelt.

Betrachtet man die Größe und sorgfältige Ausführung dieses Familiengrabes und die umfangreichen Grabbeigaben, ist man doch irritiert, daß das Oberhaupt dieser Familie nur ein einfacher »Diener am Ort der Wahrheit« gewesen sein sollte, sind doch aus Texten weit wichtigere Personen bekannt, die keine ihrem sozialen Stand adäquate Grablege hatten. Leider sind bis heute kaum weitere Belege zur Person des Sennedjem gefunden, die uns über diesen Zwiespalt aufklären könnten. Über seine berufliche Tätigkeit im Zusammenhang mit der Herstellung der Königsgräber geben nur Fundgegenstände aus seinem Grab Aufschluß, keinerlei schriftliche Hinweise helfen weiter außer einem Ostrakon (Nr. 25250) aus dem Tal der Könige, mit einer Abrechnung über gelieferte Bretter für seine Arbeit. In seinem Grab wurden eine Elle und zwei verschieden geformte Lote mit seinem Namen gefunden, die speziell zur Überprüfung von Senkrechten und Waagerechten geeignet sind (s. Abb. 30–32). Sie und das Ostrakon lassen vermuten, daß seine Tätigkeit vielleicht mit Schreinerei oder Tischlerei zusammenhing, vielleicht war Sennedjem aber auch mit Arbeiten bei der Planung und Herstellung der Grabwände betraut, mit Aufgaben, die man heute einem Architekten zuordnen würde.

Der Name des Sennedjem, er ließe sich übersetzen mit »der Bruder ist angenehm«, tritt mehrfach auf verschiedensten Denkmälern und Fragmenten in Zusammenhang mit dem Hathor-Kult auf, ebenso wie der seiner Frau und weiterer Familienmitglieder. Anrührend ist das Schicksal seiner Frau, auf einer Stele (No. 6, J. Cerny, Egyptian Stelae in the Bankes Collection, Oxford 1958) wird die kniende Iineferti und der Sohn oder Enkel Anhotep dargestellt.

Der Text lautet:

Lobpreis geben an den Mondgott Thot, den Großen Gott, der die Betenden erhört.

Erdeküssen vor Pa-Schu, dem Großen Gott.

Abb. 28 und 29 Details des äußeren (oben) und inneren (unten) Sargdeckels des Sennedjem (Kairo Museum Nr. JE 27308)

Seid gnädig. Ihr habt mich Finsternis sehen lassen bei Tage wegen jener Worte der Frauen.
Seid mir gnädig, damit ich eure Gnade sehe.
Seitens der Herrin des Hauses, Iineferti, gerechtfertigt.
Dieser Text ist dahingehend zu deuten, daß Iineferti erblindete und nun in diesem Gebet die beiden für das Augenlicht zuständigen Götter um Erlösung bittet.
Relativ gut ist belegt, unter welchem König Sennedjem lebte: in der benachbarten Kapelle seines Sohnes Chabechnet wird Sennedjem mit mehreren Personen abgebildet, die gesichert unter Ramses II. lebten. Mehr noch bestätigen die stilistischen Kennzeichen des Grabes selbst, daß die Malereien zu Beginn der Regierungszeit Ramses' II. (1279–1213 v. Chr.) entstanden, der Grabbesitzer also auch in diesem zeitlichen Umfeld gelebt haben muß.

Reihenfolge und Anzahl der Nachkommenschaft, also Kinder oder auch Enkel, von Sennedjem und Iineferti sind relativ gut dokumentiert, vor allem durch die zweimalige Aufführung an der Holztüre des Einganges und in der Szene des Festmahles von der Südwand der Grabkammer:
Chabechnet, 1. Sohn und seine Frau Sahti, mit Tochter Henetweret, Besitzer von Grab TT 2
Bunachtef, 2. Sohn (auf dem Türblatt unter seinem Beinamen Bachara)
Rahotep, 3. Sohn
Irutnefer, 1. Tochter
Chonsu, 4. Sohn und seine Frau Taamacht (mit Tochter Isis und Sohn Nachtenmut, aufgeführt in der Kapelle von TT 2; Isis ist möglicherweise zugleich die 2. Frau des Chabechnet)
Ramose, 5. Sohn oder Enkel
Anhotep, 6. Sohn oder Enkel
Ranechu, 7. Sohn oder Enkel
Heteput, 2. Tochter oder Enkelin

Vater des Sennedjem ist wahrscheinlich Chabechnet (auf Fragment Fig. 34, Bruyère, Rapport, 1927, wird Sennedjem als Sohn des Chabechnet genannt), dessen Frau Tahennu, zweite Frau (?) Rusu, die Söhne, und damit Brüder des Sennedjem, sind Rama (?), Mesu (mit Tochter Taja) und Tutuja. Der an der Südwand der Grabkammer an bevorzugter Stelle links neben Sennedjem abgebildete Tjara und seine Frau Taja mit Tochter Taaschsen (und Sohn Rama?) wird dagegen von Bruyère als Vater des Sennedjem geführt aufgrund von Keramikfunden in Kammer 1182 mit dem Namen des Tjaro.

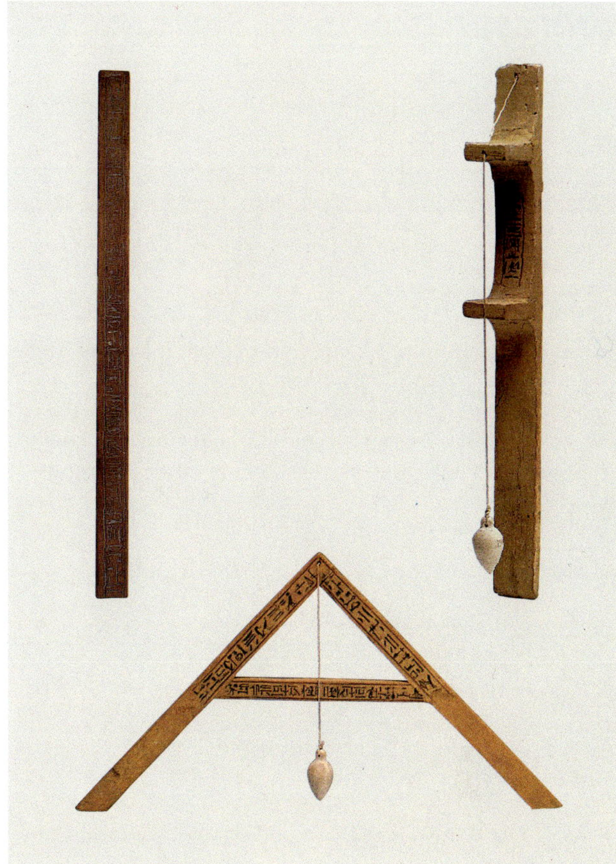

Abb. 30 Königliche Elle: dieses Maßsystem wurde bei der Planung von Tempeln, Gräbern und staatlichen Gebäuden und bei der Landvermessung verwendet (Holz, Länge: 0,527 m, Kairo Museum Nr. JE 27211)

Abb. 31 Lot zur Überprüfung der Senkrechten (Holz, bemalt, Höhe: 0,48 m, Lotgewicht: Kalkstein, Höhe: 0,05 m, Kairo Museum Nr. JE 27260)

Abb. 32 Lot zur Überprüfung der Waagerechten und des rechten Winkels (Holz, bemalt, Länge des Diagonalschenkels: 0,36 m, Länge des Horizontalschenkels: 0,22 m; Lotgewicht: Kalkstein, Höhe: 0,05 m, Kairo Museum Nr. JE 27258)

Literatur

Beschreibung der Anlage

B. Bruyère, La Tombe N°1 de Sen-nedjem à Deir el Médineh, MIFAO LXXXVIII, Le Caire 1959.

B.Porter/R.Moss, Topographical Bibliography of Ancient Egyptian Hieroglyphic Texts, Reliefs and Paintings I, Oxford 1970.

Funde und Fundgeschichte

M. Maspero, Bulletin de l'Institut Egyptien, 1885, 201.

M. Daressy, Rapport de la découverte faite par Ed. Toda, ASAE XX, 1920.

M. Saleh, Die Hauptwerke im Ägyptischen Museum Kairo, Mainz 1986.

Katalog Ramsès le Grand, Galeries Nationales du Grand Palais, Paris 1976.

Katalog Götter und Pharaonen, Roemer- und Pelizaeus-Museum Hildesheim, Mainz 1979.

Katalog The great pharaoh Ramses II and his time, Palais de la Civilisation Montréal, 1985.

Katalog Ramses II, Denver Museum of Natural History, Memphis 1987.

Bild- und Textprogramm

C. Campbell, The Miraculous Birth of King Amon-hotep III, 1912.

Ch. Seeber, Untersuchungen zur Darstellung des Totengerichts im Alten Ägypten, MÄS 35, München 1976.

E. Hornung, Das Totenbuch der Ägypter, Zürich 1979.

J. Assmann, Sonnenhymnen in thebanischen Gräbern, Theben I, Mainz 1983.

M. Saleh, Das Totenbuch in den thebanischen Beamtengräbern des Neuen Reiches, AV 46, Mainz 1984.

S. Hodel-Hoenes, Leben und Tod im Alten Ägypten, Darmstadt 1991.

Künstler- und Arbeitergemeinschaft von Deir el Medineh

J. Cerny, A Community of Workmen at Thebes in the Ramesside Period, Cairo 1973.

E. Brunner-Traut, Die Alten Ägypter, Stuttgart 1974.

M. Gutgesell, Arbeiter und Pharaonen, Hildesheim 1989.

Sch. Allam, Everyday Life in Ancient Egypt, Cairo 1990.

Chronologie der Geschichte Ägyptens

Vorgeschichte			vor 3000 v. Chr.
Frühzeit	1.–2. Dyn.		um 3000–2670 v. Chr.
Altes Reich	3.–8. Dyn.		um 2670–2160 v. Chr.
1. Zwischenzeit	9.–11. Dyn.		um 2160–1994 v. Chr.
Mittleres Reich	12. Dyn.		um 1994–1781 v. Chr.
2. Zwischenzeit	13.–17. Dyn.		um 1781–1550 v. Chr.
Neues Reich	18. Dyn		um 1550–1292 v. Chr.
	19. Dyn.	*Ramses I.*	*um 1292–1290 v. Chr.*
		Sethos I.	*um 1290–1278 v. Chr.*
		Ramses II.	*um 1279–1213 v. Chr.*
		Merenptah	*um 1213–1203 v. Chr.*
		Sethos II.	*um 1203–1197 v. Chr.*
		Amenmesse	*um 1202–1198 v. Chr.*
		Siptah	*um 1197–1191 v. Chr.*
		Tausret	*um 1197–1190 v. Chr.*
	20. Dyn.		um 1190–1075 v. Chr.
3. Zwischenzeit	21 – 25. Dyn.		um 1075–650 v. Chr.
Spätzeit	26.–31. Dyn.		um 664–332 v. Chr.
Griechisch-römische Zeit			um 332 v. Chr. – 313 n. Chr.

Tafelverzeichnis

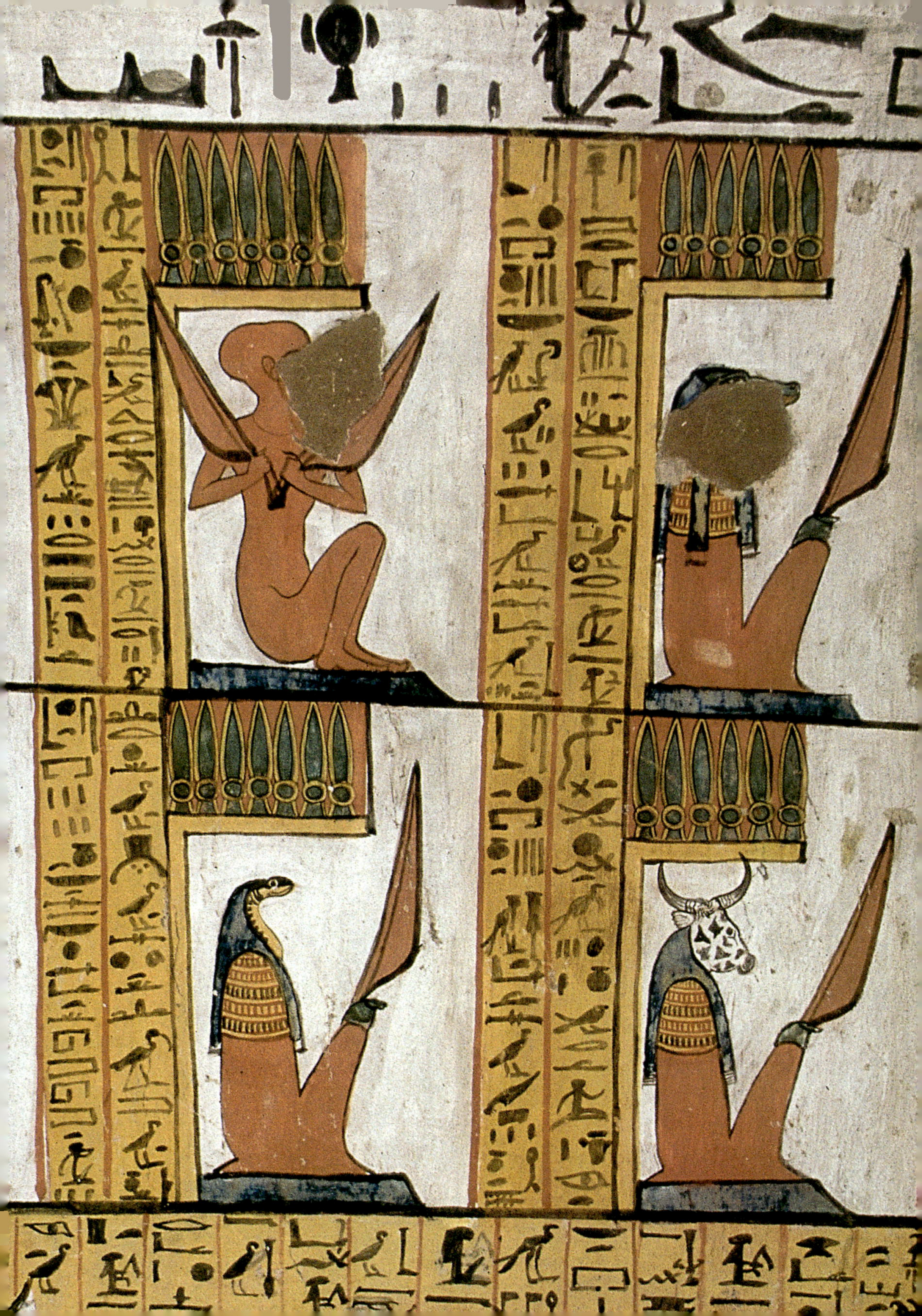